패턴 의 법칙
베트남어
첫걸음

패턴 의 법칙
베트남어 첫걸음

초판인쇄	2018년 11월 26일
초판2쇄	2022년 10월 01일

지 은 이	판 위엔(Phan Nguyen Ngoc Truc)
펴 낸 이	임승빈
편집책임	정유항, 김하진
편집진행	이승연
디 자 인	다원기획
마 케 팅	염경용, 이동민, 이서빈

펴 낸 곳	ECK북스
주 소	서울시 마포구 창전로2길 27 [04098]
대표전화	02-733-9950
홈페이지	www.eckbooks.kr
이 메 일	eck@eckedu.com
등록번호	제 2020-000303호
등록일자	2000. 2. 15

I S B N	978-89-92281-73-7
정 가	15,000원

패턴의 법칙
베트남어 첫걸음

판 위엔(Phan Nguyen Ngoc Truc) 지음

지은이의 말

한국과 베트남의 관계가 더욱 돈독해지면서 베트남의 역사, 문화, 사회 등에 대한 한국인의 관심도 점차 많아지고 있습니다. 한국과 베트남의 문화 교류와 경제활동 등으로 한국인과 베트남인들이 서로 만날 기회가 점점 늘어나는 이 시점에서 언어의 역할은 매우 중요합니다. 영국의 시인 겸 평론가인 새뮤얼 존슨(Samuel Johnson) 박사가 말한 "언어는 생각의 옷이다(Language is the dress of thought)."라는 말과 같이 언어는 생각을 전달하는 중요한 도구입니다. 그뿐만 아니라 언어는 한 민족, 한 나라의 문화를 담는 그릇이기도 합니다.

베트남어는 여러 많은 언어 중에서도 난이도가 높은 언어 중 하나입니다. 특히 베트남어의 문장구조나 어순 등이 한국어와 거의 반대이며 한국어에 없는 요소인 '성조'까지 다양하기 때문에 한국인 학습자는 베트남어를 배우면서 여러 가지 어려움을 겪을 수밖에 없습니다. 언어를 연구하는 사람이자 베트남어를 가르치는 저는, 언어를 공부할 때 겪는 어려움과 베트남어를 가르치는 과정에서 학습자들이 자주 저지르는 실수들을 잘 인식하고 있으며, 이런 어려움과 오류를 극복하기 위해 끊임없이 연구하고 있습니다. 그 결과, ECK교육과 함께 기존 베트남어 교재들의 문제와 난이도를 보완하고 베트남어를 가장 손쉽게 접근할 수 있는 새로운 베트남어 학습자료를 개발하기로 했습니다.

어학 자료를 쓰는 것은 마치 요리하는 것과 같습니다. 재료를 무작정 넣는다고 되는 것이 아니라 '무엇을, 어떻게, 어떤 순서'로 넣어야 하는지 많은 고민과 전문지식을 요구하는 작업입니다. 『패턴 베트남어』는 베트남어를 공부하는 학습자들을 위해 연구했던 제 노력의 산물입니다.

『패턴 베트남어』는 '베트남 국어원'을 비롯한 '베트남 언어학자의 논문, 맞춤법, 원어민이 실제로 쓰는 표현' 등 수많은 연구와 꼼꼼한 검수 과정을 걸쳐 완성되었습니다. 그러므로 현재 나와 있는 어느 교재보다 정확성과 성실성, 실용성이 높다고 자신 있게 말할 수 있습니다. 그리고 본 교재는 베트남어를 언어학의 범주인 '음운론과 형태론, 통사론'의 이론을 적용하여 글자의 모양과 발음을 익힌 후, 문장의 성분인 여러 가지 품사들을 알아보고 '단문과 장문, 문장연결'을 합리적이고 체계적인 순서대로 배울 수 있는 교재입니다. 또한 학습한 패턴을 응용하여 실생활의 다양한 상황에 적용할 수 있는 부분까지도 수록되어 있습니다. 저의 열정과 노력이 담겨 있는 본 교재가 베트남어를 학습하는 학습자 여러분께 많은 도움이 되기를 바랍니다.

끝으로 좋은 교재를 출판할 수 있는 기회를 주신 ECK교육 임승빈 대표님께 감사의 말씀을 전합니다. 아울러, 본 교재를 위해 많은 아이디어와 노력을 기울여 주신 다원기획 이승연 실장님께도 감사드립니다.

저자 **판 위엔**

이 책의 구성과 특징

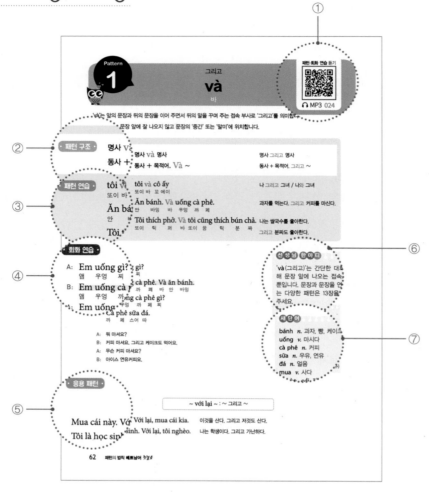

1단계 : **한마디로 표현하기**

처음 언어를 시작하는 기초 단계로, 짧고 간단하게 한마디로 표현할 수 있는 의문사와 문장의 연결에 필요한 조사와 부사를 학습합니다.

2단계 : **기초 문장** 익히기

기본 단계로, 간단한 의사 표현을 위해 시제를 활용한 문장과 의문문을 비롯한 부정문과 청유문을 학습합니다.

3단계 : **긴 문장** 익히기

1, 2단계를 응용해서 비교문과 문장의 연결을 학습하는 단계입니다. 한 가지 동사만으로 표현할 수 있는 보편적인 표현들도 학습해 보세요.

4단계 : **회화로** 대화하기

1, 2, 3단계를 응용해서 일상 생활에서 사용되는 회화를 학습하는 단계입니다. 간단한 인사 표현부터 시간, 날씨, 방향등의 회화 표현을 익혀 보세요.

1

MP3 024

QR 코드

스마트폰으로 QR 코드를 찍어 보세요.

패턴을 활용한 문장을 원어민의 발음으로 들을 수 있습니다.

2

- 패턴 구조 · 명사 và 명사

동사 + 목적어. V

· 패턴 구조 · 패턴의 표현 구조를 익혀 보세요.
구조 형식에 맞춰 단어를 조합할 수 있도록 패턴을 공식화 했습니다.

3

· 패턴 연습 · tôi và cô ấy

또이 바 꼬 에이

Ăn bánh. Và u

안 바잉 바

· 패턴 연습 · 패턴 구조를 응용한 문장입니다.
어떤 형식의 표현으로 사용되는지 빠른 이해를 도와줍니다.
QR 코드를 스마트폰으로 찍어서 원어민 발음도 함께 익혀 보세요.

4

· 회화 연습 ·

A: Em uống gì?

앰 우엉 찌

B: Em uống cà phê. Và ă

· 회화 연습 · 패턴 구조와 패턴 연습을 응용해서
회화에 적용해 보는 코너입니다.
일상 회화에 적용되는 자연스러운 표현을 함께 익혀 보세요.

5

· 응용 패턴 ·

Mua cái này. Với lại, mua c

Tôi là học sinh. Với lại, tôi

· 응용 패턴 · 패턴의 대체 표현 또는 비슷한 표현을
알려줍니다. 응용 패턴으로 다양한 표현을 함께 학습해 보세요.

6

· 선 생 님 한 마 디 ·

'và(그리고)'는 간단한 대화를 위해 문장 앞에 나오는 접속조사일 뿐입니다. 문장과 문장을 연결해주는 다양한 패턴은 13장을 확인해

· 선 생 님 한 마 디 · 패턴 학습에 필요한 저자 선생님의
시크릿 팁(Secret Tip)을 알려줍니다.
학습 능력을 높여 보세요.

7

· 새 단 어 ·

bánh n. 과자, 빵, 케이크
uống v. 마시다
cà phê n. 커피
sữa n. 우유, 연유

· 새 단 어 · 문장의 빠른 이해를 돕기위한
새 단어들을 품사와 함께 알려줍니다.

부록 알짜배기

베트남의 일상 생활에서 자주 사용되는 '실용 표현'과 '베트남식 영어 발음', 패턴을 응용해서 사용할 수 있는 다양한 '기초 단어'들이 수록되어 있습니다.

| Contents |

단계 1 **한마디**로 표현하기

1장 의문사

2장 조사

· 9장 · 명령문, 청유문

단계
3 긴 문장 익히기

·10장 · '피동'과 '긍정/부정'의 태도

·11장 · 비교

예비과

1 베트남어의 특징

베트남어는 6개의 성조와 「주어–서술어–목적어」의 영어와 같은 문장구조를 가지고 있습니다. 베트남어 발음의 특징과 어순의 특징들을 알아봅시다.

● 발음의 특징

① 연음 규칙의 비존재

베트남어에는 한국어와 다르게 '연음 규칙'이 존재하지 않습니다. 따라서 베트남어를 발음할 때는 한 음절씩 발음해야 됩니다. 음절마다 띄어 쓰는 것도 이 때문입니다.

Em muốn ăn ổi. (나는 구아바를 먹고 싶다.)
앰   무언   안   오이

또한, 변음 규칙도 없으므로 비음화와 구개음화 등과 같은 현상도 일어나지 않습니다.

các mùa (계절들)
각   무어

[강무어]가 아니라 [각 무어] 그대로 소리내어 발음합니다.

② 발음의 단순화 현상

베트남어의 모음체계에는 '이중모음'과 '삼중모음'이 존재합니다. 삼중모음은 이름 그대로 3개의 단모음이 결합된 단모음의 발음을 가집니다. 그러나 실제로는 많은 삼중모음이 이중모음으로 발음됩니다.

uôi [우오이] → [우이]   ươu [으어우] → [으우]

● 문장 구조

① 주어+'이다'+명사

Tôi   **là**   **Minho.**
나는   이다   민호
또이   라   민호

② 주어+형용사

Lan	đẹp.
란 씨가	예쁘다
란	땝

③ 주어+부사+형용사

Phở	rất	ngon.
쌀국수가	아주	맛있다
퍼	럳	응언

④ 주어+동사

Tôi	ngủ.
나는	자다
또이	응우

⑤ 주어+동사+부사

Tôi	học	chăm chỉ.
나는	공부하다	열심히
또이	헙	짬찌

⑥ 주어+동사+목적어

Tôi	ăn	cơm.
나는	먹다	밥을
또이	안	껌

● 어순

베트남어의 어순은 한국어와 반대라고 할 수 있습니다. 범위가 작은 것부터 넓은 것으로 이어집니다. 그러므로 오른쪽에 있는 것일수록 비중이 더 큽니다. 단, 시간의 경우는 한국과 마찬가지로 「시→분→초」의 순서로 이어집니다.

① 주소

한국 : 베트남 호찌민 시 1군 18길 23번지

베트남 : Số 23, đường 18, quận 1, thành phố Hồ Chí Minh, Việt Nam.

② 시간

한국　　 : 8시 30분 25초

베트남　 : 8 giờ 30 phút 25 giây

단, '오전/오후, 아침/저녁' 등은 시간 뒤에 위치합니다.

한국　　 : 오전 7시

베트남　 : 7 giờ sáng

③ 날짜

한국　　 : 1986년 1월 26일

베트남　 : ngày 26 tháng 1 năm 1986

④ 소유 관계

한국　　 : 나의 책

베트남　 : sách　　 của　　 tôi

　　　　　책　　　 의　　　 나

● 대문자와 소문자의 표기

베트남어에는 대문자와 소문자가 존재합니다. 다음과 같은 경우에는 대문자로 표기합니다.

① 고유명사, 이름, 기관명

고유명사 : Việt Nam 베트남　　　 Hà Nội 하노이　　　 Sài Gòn 사이공　　　 Seoul 서울

이름　　 : Minho 민호　　　　 Lan 란　　　　 Hoa 화

기관명　 : Bộ Giáo dục 교육부　 Bộ Y tế 보건복지부

② 문장 맨 앞

Tôi là Minho. 나는 민호이다.

③ 명절, 국가 기념일

명절　　　 : Tết Nguyên Đán 설날　　　 Tết Đoan Ngọ 단오절　　　 Trung Thu 추석

국가 기념일 : Quốc Khánh 광복절　　　 Quốc tế Lao động 국제노동절

※ 그 외에 '문서, 학교명, 직무' 등에 대한 규칙도 있습니다.

2 베트남어의 알파벳과 성조

● 알파벳과 발음

베트남어는 모음 12개, 자음 17개의 총 29개 알파벳으로 구성되어 있습니다.

알파벳	명칭	알파벳	명칭	알파벳	명칭
A a [아]	a	**Ă ă** [아]	á	**Â â** [어]	ớ
B b [ㅂ]	bê	**C c** [ㄲ]	xê	**D d** [이]	dê
Đ đ [d] [ㄸ]	đê	**E e** [애]	e	**Ê ê** [에]	ê
G g [g] [ㄱ]	giê	**H h** [ㅎ]	hát	**I i** [이]	i ngắn
K k [ㄲ]	ca	**L l** [ℓ] [ㄹㄹ]	e-lờ	**M m** [ㅁ]	em mờ
N n [ㄴ]	en nờ	**O o** [어]	o	**Ô ô** [오]	ô
Ơ ơ [어]	ơ	**P p** [ㅂ]	pê	**Q q** [ㄱ]	qui
R r [r] [ㄹ]	e-rờ	**S s** [ㅅ] [ㅆ]	ét sì	**T t** [ㄸ]	tê
U u [우]	u	**Ư ư** [으]	ư	**V v** [v] [ㅂ]	vê
X x [ㅅ] [ㅆ]	ích xì	**Y y** [이]	y dài	▨ : 자음 ▨ : 모음	

베트남어의 알파벳은 자음끼리 결합해서 '복자음'이 될 수도 있고, 모음끼리 결합해서 '이중모음'이나 '삼중모음'이 될 수도 있습니다.

● 단모음

문자	명칭	문자	명칭	문자	명칭
A a [아]	a	Ă ă [아]	á	Â â [어]	ớ
E e [애]	e	Ê ê [에]	ê		
I i [이]	i ngắn	Y y [이]	y dài		
O o [어]	o	Ô ô [오]	ô	Ơ ơ [어]	ơ
U u [우]	u	Ư ư [으]	ư		

– 받침없이 혼자서 발음되는 단모음 : a, e, ê, i, o, ô, ơ, u, ư, y
– 받침없이 발음되지 않는 단모음 : ă, â

● 이중모음

A a	ai [아이]	ao [아오]	au [아우]	ay [아이]
Â â	âu [어우]	ây [에이]		
E e	eo [애오]			
Ê ê	êu [에우]			
I i	ia [이어]	iê [이에]	iu [이우]	
O o	oa [오아]	oă [오아]	oe [오애]	oi [어이]
Ô o	ôi [오이]			
Ơ ơ	ơi [어이]			
U u	ua [우어]	uă [우아]	uâ [우어]	uê [우에]
	ui [우이]	uy [위]	uô [우오]/[우어]	
Ư ư	ưa [으어]	ưi [으이]	ươ [으어]	ưu [으우]
Y y	yê [이에]			
* 특별 문자	oo [어]			

※ 이중모음의 분류

받침없이 발음되지 않는 이중모음 : iê, uâ, uô, ươ, oă, uă, yê, oo

tiên [띠엔], tuân [뚜언], uông [우엉], lươn [르언], xoăn [쏘안], quăn [우안/완/관],

yên [이엔], *xoong [써엉]

● 삼중모음

I i	iêu [이에우]/[이우]		
O o	oai [오아이]	oay [오에이]	oeo [애우]
U u	uao [우아우] uya [우이에]	uây [우에이] uyê [우이에]	uôi [우오이]/[우이] uyu [이우이]
Ư ư	ươi [으어이]	ươu [으어우]/[으우]	
Y y	yêu [이에우]/[이우]		

※ 삼중모음의 분류

받침없이 발음되지 않는 삼중모음 : uyê

uyên bác [우이엔 박] 박식한

chuyên môn [쭈이엔 몬] 전문, 전공

단자음 녹음 듣기

● 단자음

🎧 MP3 003

문자	명칭	문자	명칭	문자	명칭
B b [ㅂ]	bê	C c [ㄲ]	xê	D d [이]/[ㅈ]	dê
Đ đ [d] [ㄸ]	đê	G g [g] [ㄱ]	giê	H h [ㅎ]	hát
K k [ㄲ]	ca	L l [ㄹ] [ㄹㄹ]	e-lờ	M m [ㅁ]	em mờ
N n [ㄴ]	en nờ	P p [ㅂ]	pê	Q q [우]/[ㄱ]	qui
R r [ㄹ]/[ㅈ]	e-rờ	S s [ㅅ] [ㅆ]	ét sì	T t [ㄸ]	tê
V v [v] [ㅂ]	vê	X x [ㅅ] [ㅆ]	ích xì		

* 'c'와 'k'는 똑같이 [ㄲ]로 발음되지만 결합되는 모음이 다릅니다.

· k : 'i, e, ê'로 시작하는 모음으로만 결합할 수 있습니다.

ki [끼]   kê [께]   kia [끼어]

· c : 'i, e, ê' 모음을 제외한 나머지 모음들과 결합할 수 있습니다.

ca [까]   có [꺼]   cũ [꾸]

※ 남부지방과 북부지방의 단자음 발음의 차이

남부지방과 북부지방의 단자음 발음의 차이는 다음과 같은 차이가 있습니다.

자음	남쪽의 발음	북쪽의 발음
d	[y]	[z]
qu	[w]	[k]
r	[r]	[z]
v	[v] / [y]	[v]

겹자음 녹음 듣기

● 겹자음

🎧 MP3 004

문자	명칭	문자	명칭	문자	명칭
ch [ㅉ]	chờ / xê-hát				
gh [ㄱ]	gờ	gi [z]/[ㅉ]	gi		
kh [ㅋ]	khờ				
ng [ŋ]/[ㅇ]	ngờ	ngh [ŋ]/[ㅇ]	ngờ	nh [ㄴ]	nhờ
ph [f]/[ㅍ]	phờ				
tr [ㅌㄹ]/[ㅉ]	trờ / tê-e-rờ				
th [ㅌ]	thờ				

* 'nh'는 [ㅏ], [ㅓ] 등과 같은 단모음과 결합하면 [냐], [녀]로 발음됩니다.

* 'gh'와 'ngh'는 똑같이 [ㄱ]으로 발음되지만 결합되는 모음이 다릅니다.

• ngh : 'i, e, ê'로 시작하는 모음으로만 결합할 수 있습니다.

　　　　nghi [응이]　　　nghe [응애]　　　nghĩa [응이어]

• ng : 'i, e, ê' 모음을 제외한 나머지 모음들과 결합할 수 있습니다.

　　　　nga [응아]　　　ngon [응언]　　　ngủ [응우]

* 'g'와 'gh'는 똑같이 [ㄱ]으로 발음되지만 결합하는 모음이 다릅니다.

• gh : 'i, e, ê'로 시작하는 모음으로만 결합할 수 있습니다.

　　　　ghi [기]　　　ghen [갠]　　　ghê [게]

• g : 'i, e, ê' 모음을 제외한 나머지 모음들과 결합할 수 있습니다.

　　　　ga [가]　　　gu [구]　　　gò [거]

※ 남부지방과 북부지방의 겹자음 발음의 차이

겹자음 발음의 경우는 남·북부지방에 많은 차이가 있습니다.

겹자음	남쪽의 발음	북쪽의 발음
tr	[tʂ]	[c]
gi	[y]	[z]

● 종성(받침)

종성(받침) 녹음 듣기

MP3 005

한국어와 마찬가지로 베트남어의 조성(자음)에 종성(받침)으로 사용되는
자음들이 있습니다. 그렇지만 모든 자음이 받침이 될 수 있는 것은 아닙니다.

종성	비고	남쪽의 발음	북쪽의 발음
c	한국어의 [ㄱ] 발음이 납니다. o, ô, u 뒤에 오면 [ㅂ] 처럼 발음됩니다. đức[뜩]　　　đục[뚭]　　　học[헙] 단, 'o, ô, u'가 들어가 있는 이중모음이나 삼중모음의 경우는 [ㅂ]이 아닌 [ㄱ]으로 발음합니다. thuốc[투억]　　quốc[구억]　　luộc[루억]		
m	한국어의 [ㅁ] 발음이 납니다. em[앰]　　　　im[임]　　　　cam[깜]		
n	한국어의 [ㄴ] 발음이 납니다. con[껀]　　　căn[깐]　　　chân[쩐]	[ㅇ]	[ㄴ]
p	한국어의 [ㅂ] 발음이 납니다. bắp[밥]　　　Pháp[팝]　　　họp[헙]		
t	한국어의 [ㄷ] 발음이 납니다. cát[갇]　　　ớt[얻]　　　biết[비엗]	[ㄱ]	[ㄷ]
ch	한국어의 [익] 발음이 납니다. sách[사익]　　ếch[에익]　　mạch[마익]	[ㄷ]	[익]
nh	한국어의 [잉] 발음이 납니다. nhanh[냐잉]　　xinh[씨잉]　　kênh[께잉]	[ㄴ]	[잉]
ng	한국어의 [ㅇ] 발음이 납니다. o, ô, u 뒤에 오면 [ㅁ] 처럼 발음됩니다. xưng[쓩]　　không[콤]　　cong[껌] 단, 'o, ô, u'가 들어가 있는 이중모음이나 삼중모음의 경우는 [ㅁ]이 아닌 [ㅇ]으로 발음합니다.		

● 성조

성조는 베트남어로 'dấu' 또는 'thanh'이라고 하며, 무성을 포함해서 총 6개가 있습니다. 무성은 자유롭게 발음되는 것이 아니라 성조 없이 같은 톤으로 발음되는 것을 말합니다.

성조의 명칭	글자와 표기	생김	해설
Dấu sắc [여우 삭]	á	╱	톤을 올려서 소리 냄
Dấu huyền [여우 휘엔]	à	╲	톤을 내려서 소리 냄
Dấu hỏi [여우 허이]	ả	?	톤을 올렸다가 급속히 내려서 소리 냄
Dấu ngã [여우 응아]	ã	~	톤을 약간 올렸다가 빨리 내렸다가 다시 올려서 소리 냄
Dấu nặng [여우 낭]	ạ	●	톤이 가장 낮은 소리
Thanh ngang / không dấu [타잉 응앙] / [콤 여우]	a	표기 없음	톤의 높낮이가 중요하지 않고 늘 똑같은 톤을 유지 함

① '●(dấu nặng 여우 낭)'을 제외하고 나머지 성조는 모음 위에 표기됩니다.

② 남부지방에서는 'dấu hỏi'와 'dấu ngã'를 똑같이 발음합니다.

주의 ă, â, ê, ô, ơ, ư 위에 있는 것은 성조처럼 생겼지만 성조가 아닙니다. 모음의 기본 형태일 뿐이므로 헷갈려서는 안 됩니다.

무조건 외우자!

인칭대명사와 지시대명사

베트남어를 할 때 가장 기본적인 부분인 '인칭대명사'와 '지시대명사'입니다. 베트남어에서는 '주어'가 중요한 역할을 합니다. 주어가 생략되면 비문이 되거나 반말이 될 수 있으므로 꼭 익혀 두세요.

● 인칭대명사

① 1인칭

1인칭으로 쓰이는 표현의 대부분은 2인칭으로도 쓰일 수 있습니다. 그러나 'tôi'와 'mình'은 자신만을 지칭하는 표현이므로 2인칭으로 쓰이지 못합니다.

1인칭	의미	사용법
tôi	나/저	높일 대상이 없거나 공식적인 분위기에서 자신을 지칭하는 표현 (1인칭만 가능)
mình	나	친구 등의 또래에게 자신을 지칭하는 표현 (1인칭만 가능)
anh	나	'남자'가 자신보다 나이가 어린 사람에게 자신을 지칭하는 표현 ⑩ 오빠가 다녀올게.　형이 먼저 갈게.
chị	나	'여자'가 자신보다 나이가 어린 사람에게 자신을 지칭하는 표현 ⑩ 언니가 다녀올게.　누나가 먼저 갈게.
ông	나	'할아버지'가 손자, 손녀 등의 어린 사람에게 자신을 지칭하는 표현
bà	나	'할머니'가 손자, 손녀 등의 어린 사람에게 자신을 지칭하는 표현
bác	나	'큰아버지/큰어머니'가 자녀 등의 어린 사람에게 자신을 지칭하는 표현
chú	나	'아저씨'와 같은 남자가 자녀 또는 조카 등에게 자신을 지칭하는 표현
cô	나	'고모/여자 선생님'과 같은 여자가 자녀 또는 조카 등에게 자신을 지칭하는 표현
cháu	저	'할아버지, 할머니'와 같은 윗사람에게 자신을 지칭하는 표현
con	저	부모님 또는 윗사람에게 자신을 지칭하는 표현
em	저	'동생'이 자신보다 나이가 많은 사람(형/누나 같은 사람)에게 자신을 지칭하는 표현

② 2인칭

2인칭 중 'bạn'은 상대방을 지칭하므로 1인칭으로 쓰일 수 없습니다.

2인칭	의미	사용법
bạn	너/친구	친구 또는 상대를 지칭하는 표현 (2인칭만 가능)

con	너	자녀나 손자, 손녀 등의 어린 사람을 지칭하는 표현
cháu	너	손자, 손녀, 조카를 지칭하는 표현
anh	오빠/형	오빠/형과 같은 사람을 지칭하는 표현
chị	언니/누나	언니/누나와 같은 사람을 지칭하는 표현
em	동생	동생 또는 자신보다 나이가 어린 사람을 지칭하는 표현
ông	할아버지	할아버지와 같은 윗사람을 지칭하는 표현
bà	할머니	할머니와 같은 윗사람을 지칭하는 표현
bác	큰아버지/큰어머니	큰아버지/큰어머니와 같은 윗사람을 지칭하는 표현
chú	아저씨	아저씨와 같은 윗사람을 지칭하는 표현

③ 3인칭

2인칭 뒤에 'ấy'를 붙이면 3인칭이 되지만, 'con'과 'cháu'의 경우는 'nó'라고 부릅니다. 이 표현은 '그 아이, 걔, 얘'로 해석할 수 있습니다.

3인칭	의미	사용법
bạn ấy	(그) 친구	친구 등의 또래 사람을 지칭하는 표현
nó	(그) 아이	- 자녀나 손자, 손녀 등의 어린 사람을 지칭하는 표현 - 친구나 사람을 이름이 아닌 간단히 부를 때도 사용 가능
anh ấy	(그) 오빠/형	오빠/형과 같은 사람을 지칭하는 표현
chị ấy	(그) 언니/누나	언니/누나와 같은 사람을 지칭하는 표현
em ấy	(그) 동생	동생 또는 자신보다 나이가 어린 사람을 지칭하는 표현
ông ấy	(그) 할아버지	할아버지와 같은 윗사람을 지칭하는 표현
bà ấy	(그) 할머니	할머니와 같은 윗사람을 지칭하는 표현
bác ấy	(그) 큰아버지/큰어머니	큰아버지/큰어머니와 같은 윗사람을 지칭하는 표현
chú ấy	(그) 아저씨	아저씨와 같은 윗사람을 지칭하는 표현
cô ấy	(그/그녀) 고모/여자 선생님	고모/여자 선생님과 같은 윗사람을 지칭하는 표현

■ 복수형

인칭대명사 앞에 'các'을 붙이면 복수형이 됩니다. 그러나 모든 인칭대명사에 적용되지는 않습니다. 예를 들어 'bọn'이나 'tụi'라는 표현을 붙여서 쓰는 경우, 모두 구어체가 됩니다.

1인칭 복수형		2인칭 복수형	3인칭 복수형
chúng tôi (청자 제외) / chúng ta (청자 포함)		các bạn	các bạn ấy
chúng mình / tụi mình / bọn mình			chúng nó
chúng con tụi con		các con	tụi nó bọn nó
chúng cháu		các cháu	
bọn anh tụi anh		các anh	các anh ấy
bọn chị tụi chị		các chị	các chị ấy
chúng em tụi em		các em	các em ấy
	các ông		các ông ấy
	các bà		các bà ấy
	các bác		các bác ấy
	các chú		các chú ấy
	các cô		các cô ấy

● 지시대명사

베트남어 회화에서 đó / đấy와 kia를 구분하지 않고 사용하는 경우가 많으므로 문맥에 따라 해석해야 합니다.

이	그	저
này	đó / đấy	kia

Cái này 이것   **Công ty** đó 그/저 회사   **Người** kia 그/저 사람

다른 명사와 결합하면 그 명사가 앞에 옵니다.

여기	거기	저기
đây	đó / đấy	kia

Đây là ~ 여기는 ~이다   Đó là ~ 거기/저기는 ~이다

Đây là Lan. 여기는 란(씨)이다.   Đó là công ty Hàn Quốc. 거기/저기는 한국 회사이다.

 숫자

베트남어에도 고유어 숫자와 한자어 숫자가 공존합니다. 단, 한자어 숫자에 비해 고유어 숫자의 사용 범위가 훨씬 더 넓습니다. 고유어 숫자는 '양수사'를 말하며, '금액, 전화번호, 주소, 수량' 등에 모두 적용됩니다.

● 양수사

① 0~9

숫자	뜻	숫자	뜻
không	0	năm	5
một	1	sáu	6
hai	2	bảy	7
ba	3	tám	8
bốn	4	chín	9

② 10~19 : mười + 숫자

'15, 25, 35, … 115 …'의 5는 'lăm'이라고 읽습니다.

숫자	뜻	숫자	뜻
mười	10	mười lăm	15
mười một	11	mười sáu	16
mười hai	12	mười bảy	17
mười ba	13	mười tám	18
mười bốn	14	mười chín	19

③ 20~90 : 숫자 + mươi

* 20부터의 '십'은 'mười'가 아니라 'mươi'를 사용합니다.

* '21, 31, 41, … 121 …'의 1은 'một'이 아니라 'mốt'을 사용합니다.

21: hai *mươi* *mốt*   131: một trăm ba *mươi* *mốt*

숫자	뜻	숫자	뜻
hai mươi	20	sáu mươi	60
ba mươi	30	bảy mươi	70
bốn mươi	40	tám mươi	80
năm mươi	50	chín mươi	90

④ 100~900 : 숫자 + trăm

숫자	뜻	숫자	뜻
một trăm	100	sáu trăm	600
hai trăm	200	bảy trăm	700
ba trăm	300	tám trăm	800
bốn trăm	400	chín trăm	900
năm trăm	500	một ngàn / một nghìn	1,000

101, 102…909의 경우, 「숫자＋linh/lẻ＋숫자」를 읽으면 됩니다. 1,000~9,000도
마찬가지입니다.

　　101 : một trăm linh một / một trăm lẻ một

　　807 : tám trăm linh bảy / tám trăm lẻ bảy

⑤ 1만~10만 : 숫자 + ngàn/nghìn

숫자	뜻	숫자	뜻
mười ngàn	10,000	sáu mươi ngàn	60,000
hai mươi ngàn	20,000	bảy mươi ngàn	70,000
ba mươi ngàn	30,000	tám mươi ngàn	80,000
bốn mươi ngàn	40,000	chín mươi ngàn	90,000
năm mươi ngàn	50,000	một trăm ngàn	100,000

일상생활에서는 'mươi' 대신 'chục'을 사용해서 표현하기도 합니다.

20,000 : hai mươi ngàn = hai chục ngàn

⑥ 100만 ~ 100억

숫자	뜻	숫자	뜻
một triệu	100만	một trăm triệu	1억
mười triệu	1,000만	một tỷ	10억
hai mươi triệu	2,000만	mười tỷ	100억

* 베트남어의 양수사는 숫자에서 3자리씩을 기준으로 하기 때문에 사용 시 주의해야 합니다. 예를 들어, 1만(10,000)의 경우 한국에서는 '1만'으로 읽지만, 베트남에서는 '십'과 '천'을 나누어서 읽습니다. 천만(1,000만)의 경우도 마찬가지로, '십'과 '백만'을 나누어서 읽습니다.

천 : ngàn

$$10{,}000 = \text{mười ngàn} = 1\text{만}$$

십(10) : mười

백만 : triệu

$$10{,}000{,}000 = \text{mười triệu} = \text{천만}$$

십(10) : mười

● 서수사

순서를 말할 때, 숫자 앞에 'thứ'라는 단어를 넣으면 됩니다. 단, '첫 번째, 두 번째, 네 번째'의 경우는 주의하세요. '두 번째'의 경우는 두 가지 모두 사용 가능합니다.

숫자	뜻	숫자	뜻
thứ nhất	첫 번째	thứ sáu	여섯 번째
thứ nhì / thứ hai	두 번째	thứ bảy	일곱 번째
thứ ba	세 번째	thứ tám	여덟 번째
thứ tư	네 번째	thứ chín	아홉 번째
thứ năm	다섯 번째	thứ mười	열 번째

'~번째'나 '~회, ~등'과 결합할 때도 서수사를 사용할 수 있습니다.

lần thứ nhất 첫 번째, 1회   **hạng nhất** 1등

● 단위 명사

단위 명사	뜻	단위 명사	뜻
cái	개(물건)	chiếc	짝(신발, 젓가락), 대(차)
người	명, 사람	bữa	끼
con*	마리 칼, 강, 길을 세는 단위	căn / ngôi	채(집)
cuốn / quyển	권(책, 잡지 등)	tờ	장(지폐, 종이, 신문 등)
cây	개(펜, 작대기 등)	tấm	장(사진)
đôi	켤레, 쌍	bó	다발(꽃, 야채, 향 등)
bộ	벌, 세트	nải	다발(바나나)
trái / quả	개, 통 (과일)	phần	인분(음식)

참고 단위 명사 중 'con'은 동물을 셀 때 쓰는 '마리'라는 의미도 있지만, '칼, 강, 길'을 셀 때도 사용됩니다.
　　　 một con dao 칼 한 자루

● 명사, 수량과 결합하는 순서

사물의 수량과 단위를 말할 때, '숫자'를 맨 처음 나타내고 뒤에 '단위 명사'와 '사물의
명칭'인 명사를 위치시켜 사물의 수량과 단위를 나타냅니다.

> 숫자 + 단위 명사 + 명사

một cái bàn 책상 1개   **một quả táo** 사과 1개

một đôi giày 신발 1켤레   **hai người** 2사람

ba chiếc xe 차 3대   **năm con bò** 소 5마리

③ 시간 말하기

베트남의 하루를 나누는 단위를 익히고, 베트남어로 시간을 말해 보세요.

시간을 말할 때는 한국과 마찬가지로 '시→분→초'의 순서대로 표현하며, '오전, 오후, 아침' 등과 같은 표현은 시간의 뒤에 위치합니다.

| 오전, 아침 : sáng | 점심 : trưa | 오후(1시~5시) : chiều | 저녁 : tối |

●시간

1시	2시	3시	4시	5시	6시
1 giờ 몯 쩌	2 giờ 하이 쩌	3 giờ 바 쩌	4 giờ 본 쩌	5 giờ 남 쩌	6 giờ 사우 쩌
7시	8시	9시	10시	11시	12시
7 giờ 바이 쩌	8 giờ 땀 쩌	9 giờ 찐 쩌	10 giờ 므어이 쩌	11 giờ 므어이 몯 쩌	12 giờ 므어이 하이 쩌

●분

정각	5분	10분	15분	20분	25분
đúng 뚱	5 phút 남 푿	10 phút 므어이 푿	15 phút 므어이 람 푿	20 phút 하이 므어이 푿	25 phút 하이 므어이 람 푿
30분	35분	40분	45분	50분	55분
30 phút 바 므어이 푿	35 phút 바 므어이 람 푿	40 phút 본 므어이 푿	45 phút 본 므어이 람 푿	50 phút 남 므어이 푿	55 phút 남 므어이 람 푿

오전 9시 : 9 giờ sáng

오후 12시 정각 : đúng 12 giờ trưa

오후 2시 30분 : 2 giờ 30 phút chiều

저녁 7시 15분 : 7 giờ 15 phút tối

저녁 8시 10분 전 : 8 giờ kém 10 phút tối

＊ kém : '~전'이란 의미입니다.

1단계

한마디로
표현하기

처음 언어를 학습할 때, 무엇인가를 묻는 문장으로 '의문사'를
가장 많이 사용하게 됩니다. 평서문보다 의문문을 먼저 학습함
으로써 모르는 것을 바로 알 수 있도록 의문사 패턴을 익혀 보
세요.

1장

의문사

Pattern 1

무엇/무슨

gì
찌

패턴·회화 연습 듣기

🎧 MP3 006

베트남어에서 '무슨'을 표현할 때는 'gì' 앞에 '명사'가 오고, '무엇'을 표현할 때는 '동사'가 앞에 옵니다. 또한, 형용사와 결합된 문장일 경우, 'gì'를 중심으로 'gì' 앞에 명사가 오고, 'gì' 뒤에 '형용사'가 위치하면서 '무엇이 ~하다'라는 의미를 갖습니다.

· 패턴 구조 ·

là + gì?	무엇이니?
명사 + gì?	무슨 + 명사?
동사 + gì?	무엇을 + 동사?
명사 + gì + 형용사?	무엇이 + 형용사?

· 패턴 연습 ·

Sách gì? 사익 찌	무슨 책?
Ăn gì? 안 찌	무엇을 먹니?
Chị ăn gì? 찌 안 찌	언니/누나가 무엇을 먹니?
Cái gì đẹp? 까이 찌 땝	무엇이 예쁘니?

· 회화 연습 ·

A: **Anh ăn gì?**
아잉 안 찌

B: **Bún chả.**
분 짜

A: 무엇을 드세요?

B: 분짜요.

A: **Bún chả là gì?**
분 짜 라 찌

B: **Món ăn Việt Nam.**
먼 안 비엗 남

A: 분짜가 뭐예요?

B: 베트남 음식이요.

선생님 한 마디

'là gì?'는 '무엇이니?'란 뜻으로 주어 없이 사용될 경우 '반말'에 가까운 질문이 됩니다.

새 단어

sách *n.* 책
ăn *v.* 먹다
cái *n.* 것
đẹp *adj.* 예쁘다
đọc *v.* 읽다
món *n.* 음식

· 응용 패턴 ·

동사 + 명사 + gì? : 무슨 + 명사 + ~하니?

Đọc sách gì?	무슨 책을 읽니?
Bạn đọc sách gì?	(당신은) 무슨 책을 읽어요?

누가/누구

ai
아이

한국어에서는 '누가'와 '누구'에 대한 주어와 서술어의 차이가 있지만, 베트남어에서는 'ai'라는 한 단어로 '누가'와 '누구'를 모두 표현합니다.

· 패턴 구조

ai + là ~?	누가 ~이니?
~ là + ai?	~은 누구니?
동사 + ai?	누구를 + 동사?
ai + 동사/형용사?	누가 + 동사/형용사?

· 패턴 연습

Ai là Minho?
아이 라 민호
누가 민호이니?

Thầy Lee là ai?
테이 리 라 아이
이 선생님은 누구시니?

Anh gặp ai?
아잉 갑 아이
(당신/오빠/형)이 누구를 만나니?

Ai đi Việt Nam?
아이 띠 비엘 남
누가 베트남에 가니?

Ai đẹp?
아이 땝
누가 예쁘니?

· 회화 연습

A: Anh tìm ai?
아잉 띰 아이

B: Ai là Hoa?
아이 라 화

A: 누구를 찾으세요?

B: 누가 화 씨예요?

A: Tôi là Hoa.
또이 라 화

B: Chào chị.
짜오 찌

A: 제가 화예요.

B: 안녕하세요.

· 응용 패턴

동사 + cho ai? : 누구에게 + 동사

Gửi cho ai?
누구에게 보내니?

Chuyển cho ai?
누구에게 전달하니?

선생님 한마디

영어와 마찬가지로 베트남어의 문장 구조는 '주어-서술어-목적어'이므로, ai가 문장의 앞에 위치할 경우, 주어를 나타내는 역할을 하게 됩니다.

새 단어

thầy n. 남자 선생님
gặp v. 만나다
đi v. 가다
tìm v. 찾다
gửi v. 보내다
chuyển v. 전달하다

어느/어떤
nào
나오

패턴·회화 연습 듣기

🎧 MP3 008

한국어에서의 '어느'는 둘 이상의 것 중에서 무엇인가를 물을 때 사용되며, '어떤'은 사람이나 사물의 상태를 나타낼 때 사용 하지만, 베트남에서는 'nào'라는 한 단어로 '어느'와 '어떤'을 모두 포함시켜서 의미합니다.

패턴 구조

명사 + nào?	어느/어떤 + 명사?
là + 명사 + nào?	어느/어떤 + 명사 이니?
동사 + 단위 명사 + nào?	어느/어떤 + 단위 명사 + 동사

패턴 연습

Người nào?
응어이 나오
어느 사람?

Là cái nào?
라 까이 나오
어느/어떤 것이니?

Em xem phim nào?
앰 쌤 핌 나오
너는 어떤 영화를 보니?

회화 연습

A: Em học trường nào?
앰 헙 쯔엉 나오

B: Em học trường Ewha. Anh làm ở công ty nào?
앰 헙 쯔엉 이화 아잉 람 어 꼼 띠 나오

A: Anh làm ở công ty CJ.
아잉 람 어 꼼 띠 씨제이

A: 어느 학교에서 공부해요?
B: 이대에서 공부해요. 어느 회사에서 일해요?
A: 나는 CJ(씨제이)에서 일해요.

새 단어

xem *v.* 보다
phim *n.* 영화, 드라마
trường *n.* 학교
làm *v.* 하다, 일하다
ở *prep.* 에서

응용 패턴

명사 + nào cũng được : 어느/어떤 ~도 괜찮다/좋다, 아무~나 괜찮다

Chỗ nào cũng được.   어느 곳도 괜찮다./아무데나 괜찮다.
Cái nào cũng được.   어떤 것도 괜찮다./아무거나 괜찮다.
Ai cũng được.   누구나 괜찮다.

4

어때/어떻게
thế nào / như thế nào
테 나오 느 테 나오

패턴·회화 연습 듣기

🎧 MP3 009

'(như) thế nào'는 어떤 사람, 사물, 현상 등의 성질이나 상태를 물을 때 사용하는 '어떻다'와 어떤 행동을 진행하거나 작동하는 방법을 물을 때 사용하는 '어떻게'를 나타내는 표현입니다.

· 패턴 구조 ·

명사 + (như) thế nào? 　　명사 + 어떠니?

동사 + (như) thế nào? 　　어떻게 ~하니?

· 패턴 연습 ·

Tiếng Việt thế nào? 　　베트남어가 어떠니?
띠엥 비엩 테 나오

Anh ấy như thế nào? 　　그는 어떠니?
아잉 에이 느 테 나오

Ăn như thế nào? 　　어떻게 먹니?
안 느 테 나오

Đi thế nào? 　　어떻게 가니?
띠 테 나오

· 회화 연습 ·

A: **Phở** thế nào?
　　퍼 테 나오

B: **Rất ngon.**
　　럳 응언

A: **Món này ăn** như thế nào?
　　먼 나이 안 느 테 나오

B: **Ăn (như) thế này.**
　　안 (느) 테 나이

A: 쌀국수가 어때요?

B: 아주 맛있어요.

A: 이 음식은 어떻게 먹어요?

B: 이렇게 먹어요.

· 응용 패턴 ·

동사 + (làm) sao? : 어떻게 ~하니?

Ăn làm sao? 　　어떻게 먹니?

Đăng ký làm sao? 　　어떻게 등록/신청하니?

· 선생님 한마디 ·

'thế nào/như thế nào' 대신에 '(làm) sao?'로 대체할 수 있습니다. 그러나 (làm)이 삭제되었을 경우 구어체가 되며, '(làm) sao?'를 빠르게 발음할 경우에는 (làm)이 삭제 된 것처럼 들리기도 하므로 발음에 주의하세요.

· 새 단어 ·

tiếng Việt *n.* 베트남어
phở *n.* 쌀국수
rất *adv.* 아주
món *n.* 음식, 요리
(như) thế này *adv.* 이렇게
đăng ký *v.* 등록하다, 신청하다

어디/어디에/어디에서
đâu / ở đâu
떠우 어 떠우

패턴·회화 연습 듣기

🎧 MP3 010

베트남어에서는 '어디'를 'đâu'로 사용하고, '어디에'와 '어디에서'를 'ở đâu'로 사용합니다. 하지만 대부분의 경우는 'ở đâu'로 통틀어 사용하기도 하므로 두 경우를 모두 학습해 보세요.

패턴 구조		
~là + (ở) đâu?		~ 어디니?
명사 + ở đâu?		명사 + 어디에 있니?
동사 + ở đâu?		어디에서 ~하니?

패턴 연습		
Đây là đâu? 데이 라 떠우		여기는 어디니?
Minho ở đâu? 민호 어 떠우		민호가 어디에 있니?
Anh sống ở đâu? 아잉 솜 어 떠우		당신은 어디에서 사니?

회화 연습

A: Anh ở đâu?
아잉 어 떠우

B: Tôi ở gần đây. Còn chị?
또이 어 건 떼이 껀 찌

A: Tôi ở Gangnam.
또이 어 강남

A: 형(오빠)은 어디에 계세요?
B: 이 근처에 있어요. 당신은요?
A: 저는 강남에 있어요.

선생님 한마디

'ở'는 처격조사인 '~에서'의 역할을 하기도 하고, 때로는 '~에 있다'의 이미를 보여주기도 합니다. 그러므로, 'đi(가다)'나 'đến(오다/도착하다)'과 결합하지 못합니다.

새 단어

sống *v.* 살다
đây *n.* 여기
gần *adj.* 가깝다
gần đây *n.* 이 근처
ở *v.* 있다. 살다

응용 패턴

đi / đến / ở + đâu? : 어디에 가니/오니/사니?

Anh đi đâu?	어디에 가니?
Tôi đến Việt Nam.	나는 베트남에 왔다.
Chị ở đâu?	어디에 살아요?

언제
khi nào
키 나오

의문사 중에서 '언제'라는 의미를 가진 표현이 가장 복잡합니다. 그 이유는 베트남 사람들이 매우 다양한 표현을 사용하기 때문입니다. 그 중에서도 가장 많이 쓰이는 'khi nào'와 'bao giờ'를 학습해 보겠습니다. 그 외에 'hồi nào(과거시제),' 'chừng nào(미래시제),' 'lúc nào' 등의 표현들도 있으며, 각각 시제적 차이를 가집니다.

· 패턴 구조 ·

~ là + khi nào?	~ 언제이니?
Khi nào + 동사?	언제 ~하니?

· 패턴 연습 ·

Sinh nhật là khi nào? 시잉 녇 라 키 나오	생일이 언제니?
Khi nào ăn? 키 나오 안	언제 먹니?
Khi nào xem phim? 키 나오 쌤 핌	언제 영화를 보니?
Khi nào anh đi Việt Nam? 키 나오 아잉 띠 비엔 남	언제 베트남에 가니?

· 회화 연습 ·

A: **Khi nào anh tan ca?**
키 나오 아잉 딴 까

B: **Lát nữa. Khi nào em về nhà?**
랃 느어 키 나오 앰 베 냐

A: **Em chưa biết.**
앰 쯔어 비엗

A: 언제 퇴근해요?
B: 잠시 후에요. 당신은 언제 집에 들어가요?
A: 저는 아직 모르겠어요.

· 선생님 한마디 ·

'언제 ~하니?'라는 구조에 '주어'가 개입된 경우 그 주어가 '동사' 앞에 옵니다.

「khi nào/bao giờ+주어+하니?」

예 Khi nào anh đi?
언제 가요?

· 새 단어 ·

sinh nhật *n.* 생일
tan ca *v.* 퇴근하다
về *v.* (원래 있던 대로 / 집에)
　　돌아가다 / 들어가다
nhà *n.* 집
chưa biết 아직 모르겠다

· 응용 패턴 ·

> **주어 + 동사 + bao giờ** : 주어 + 언제 ~했니?

Anh đi Việt Nam bao giờ?　　　베트남에 언제 갔어요?

> **Bao giờ + 주어 + 동사?** : 언제 + 주어 ~할 것이니?

Bao giờ anh đi Việt Nam?　　　언제 (당신은) 베트남에 갈 거예요?

언제
chừng nào
쯩   나오

패턴·회화 연습 듣기

🎧 MP3 012

'khi nào'와 마찬가지로 'chừng nào'도 '언제'로 해석됩니다. 그러나 이 표현은 '아직 진행하지 않은 일, 혹은 할 일에 대해 물어볼 때'만 사용됩니다.

패턴 구조

Chừng nào + 주어 + 동사?   언제 ~할 것이니?

패턴 연습

Chừng nào **anh đi**?   너는 언제 갈 것이니?
쯩   나오 아잉 띠

Chừng nào **em về**?   너는 언제 돌아올 것이니?
쯩   나오 앰 베

Chừng nào **giám đốc đi công tác**?   사장님이 언제 출장을 갈 것이니?
쯩   나오 쨤 똡 띠 꼼 딱

회화 연습

A: **Chừng nào em đến?**
   쯩   나오 앰 뗀

B: **15 phút nữa. Còn chị?**
   므어이 람 풑 느어   껀   찌

A: **Chị cũng vậy.**
   찌   꿈 베이

A: 언제 도착할 거야?

B: 15분 후에요. 누나는요?

A: 나도.

선생님 한마디

'chừng nào'가 '언제 ~할 것이니?'라는 의미를 가진다면, 'hồi nào'는 '언제 ~했니'라는 의미를 가집니다.

응용 패턴

주어 + 동사 + hồi nào? : 주어 + 언제 ~했니?

Anh đi Việt Nam hồi nào?   베트남에 언제 갔어요?

Em đến hồi nào?   너는 언제 왔어?

왜/무엇 때문에
tại sao / vì sao
따이 사오 비 사오

패턴·회화 연습 듣기

🎧 MP3 013

'왜'라는 표현은 자주 사용되는 표현 중 하나입니다. '왜'는 단순히 이유나 원인을 물을 때 사용하는 의문사라고 생각하지만, 실제로는 여러 가지 맥락에서 조금씩 다른 표현으로 사용됩니다.

패턴 구조

Tại sao / vì sao + (주어) + 동사/형용사?	왜 ~하니?
~ là + tại sao / vì sao?	~ 왜지?
Tại vì / vì / bởi vì + 이유/원인	이유/원인 + 때문이다

패턴 연습

Tại sao em đến trễ?
따이 사오 앰 뗀 쩨
너는 왜 늦게 왔니?

Tại sao xấu vậy?
따이 사오 써우 베이
왜 그렇게 못생겼니?

Cái này là tại sao?
까이 나이 라 따이 사오
이것은 왜지? / 이것은 무엇 때문이니?

회화 연습

A: **Tại sao anh không đi?**
따이 사오 아잉 콤 띠

B: **Vì trời mưa.**
비 쩌이 므어

A: **Tôi có dù.**
또이 꺼 유

B: **Cảm ơn chị.**
깜 언 찌

A: 왜 안 가요?
B: 비가 와서요.
A: 저에게 우산이 있어요.
B: 감사합니다.

선생님 한마디
'tại sao'는 구어체로 많이 쓰이는 표현인 반면, 'vì sao'는 문어체와 노래 가사에서 많이 쓰입니다. 짧게 'sao'라고도 자주 사용됩니다.

새 단어
trễ (muộn) *adj./adv.* 늦다/늦게
không *adv.* 안 (부정)
xấu *adj.* 못생겼다, 나쁘다
vậy *adv.* 그렇다
trời mưa *v.* 비가 오다
có *v.* 있다
dù (ô) *n.* 우산
cảm ơn *v.* 감사하다

응용 패턴

Tại + 사람/원인/이유 : 사람/원인/이유 때문에

Tại anh ấy   그 때문에
Tại trời mưa   비가 오기 때문에

Pattern 9

몇
mấy
메이

패턴·회화 연습 듣기

🎧 MP3 014

베트남어의 '몇'을 표현하는 'mấy'의 경우, 어떤 명사와 결합하는지에 따라 위치가 달라집니다. '단위 명사'나 '나이'와 결합할 때는 'bao nhiêu'로 바꿔 사용할 수도 있습니다.

패턴 구조	~ mấy	몇 ~ (어떤 시점)
	mấy ~	몇 ~ (수량/단위 명사와 결합)

패턴 연습

ngày mấy
응아이 메이
며칠

tháng mấy
탕   메이
몇 월

mấy người
메이   응어이
몇 사람(몇 명)

mấy giờ
메이 쩌
몇 시

회화 연습

A: Ngày mấy anh đi?
응아이 메이 아잉 띠

B: Ngày 20 tôi đi.
응아이 하이 므어이 또이 띠

A: Mấy giờ anh về?
메이   쩌 아잉 베

B: Tôi chưa biết.
또이 쯔어 비엗

A: 며칠에 가요?

B: 20일에 가요.

A: 몇 시에 들어와요?

B: 아직 모르겠어요.

선생님 한마디

의문사를 사용하는 의문문에 답변할 때는 그 의문사가 들어간 위치에 답을 넣으면 됩니다.

예) Ngày mấy? 며칠이요?
→ Ngày 26. 26일이요.

새 단어

ngày *n.* 일
tháng *n.* 월
giờ *n.* 시
bao nhiêu *adv.* 몇/얼마

응용 패턴

bao nhiêu ~ : 몇~ (수량/단위 명사와 결합)

Có bao nhiêu người?   몇 명 있어요?

Cô ấy bao nhiêu tuổi?   그녀는 몇 살이에요?

Pattern 10

얼마나/얼마 (금액/나이)

bao nhiêu
바오 니에우

패턴·회화 연습 듣기

🎧 MP3 015

'bao nhiêu'는 'mấy'와 비슷한 표현이지만, 가격을 물을 때 사용하는 '얼마'의 의미로도 많이 쓰이는 표현입니다. 단, 'bao nhiêu'는 '얼마'라는 표현으로 무조건 번역해서 사용할 수 있는 것이 아니라 '가격, 나이, 수량'을 물어볼 때만 이 표현을 사용할 수 있습니다.

• 패턴 구조 •

~ bao nhiêu?	~ 얼마?
~ là bao nhiêu?	~ 얼마니?
~ 동사 + bao nhiêu?	얼마를 ~하니?

• 패턴 연습 •

Bao nhiêu tiền?
바오 니에우 띠엔

(돈으로) 얼마니?

Cái này là bao nhiêu (tiền)?
까이 나이 라 바오 니에우 띠엔

이것은 (돈으로) 얼마니?

Trả bao nhiêu?
짜 바오 니에우

얼마를 내니?/얼마를 지불하니?

• 회화 연습 •

A: **Cái áo này bao nhiêu ạ?**
까이 아오 나이 바오 니에우 아

B: **50,000 đồng.**
남 므어이 응안 똠

A: **Còn cái này?**
껀 까이 나이

B: **45,000 đồng.**
본 므어이 람 응안 똠

A: 이 옷은 얼마예요?
B: 5만 동이에요.
A: 이것은요?
B: 4만 5천 동이에요.

• 선생님 한마디 •

윗사람에게 질문할 때, 존칭의 의미로 문장 끝에 'ạ'를 붙입니다.

예 bao nhiêu (tiền) ạ?
얼마예요?

• 새 단어 •

tiền *n.* 돈
trả *v.* 내다, 지불하다, 반납하다
áo *n.* 옷(상의)
đồng *n.* 동(베트남 화폐단위, 기호 : vnd.)
khó *adj.* 어렵다

• 응용 패턴 •

형용사 + biết bao nhiêu : 얼마나 ~ 형용사

Đẹp biết bao nhiêu....   얼마나 예쁜지….
Khó biết bao nhiêu....   얼마나 어려운지….

얼마나/얼마 (시간)

bao lâu
바오   러우

패턴·회화 연습 듣기

🎧 MP3 016

시간이 얼마나 걸리는지 묻고 싶을 때 'bao lâu'라는 표현을 사용합니다. 상황에 따라 '금액, 시간, 거리' 등으로 구분
되어 표현되므로 문맥을 잘 확인해야 합니다.

패턴 구조

mất bao lâu?	얼마나 걸리니?
동사 + mất bao lâu?	~하는 데 얼마나 걸리니?
동사 + trong bao lâu?	얼마 동안 ~하니?

패턴 연습

Ăn mất bao lâu?
안   먿 바오 러우

먹는 데 얼마나 걸리니?

Đi mất bao lâu?
띠   먿 바오 러우

가는 데 얼마나 걸리니?

Học trong bao lâu?
헙   쩜   바오 러우

얼마 동안 공부하니?

회화 연습

A: Anh học gì?
　 아잉 헙 찌

B: Tôi học tiếng Việt.
　 또이 헙 띠엥 비엗

A: Anh học tiếng Việt trong bao lâu?
　 아잉 헙 띠엥 비엗   쩜 바오 러우

B: Tôi học tiếng Việt trong 4 tháng.
　 또이 헙   띠엥 비엗 쩜 본 탕

A: 무슨 공부를 해요?

B: 베트남어 공부해요.

A: 베트남어를 얼마 동안 공부했어요?

B: 저는 베트남어를 4개월 동안 공부했어요.

새 단어

mất *v.* 걸리다, 잃어버리다.
　　　돌아가시다(죽음)
rồi *adv.* ~했다는 의미
　　　(과거 시제)

응용 패턴

~ (được) bao lâu rồi? : ~ 한 지 얼마나 되었니?

Anh học được bao lâu rồi?　　배운 지 얼마나 됐어요?

Chị ấy đi bao lâu rồi?　　그 언니/누나가 간 지 얼마나 됐어요?

얼마나/얼마 (거리)
bao xa
바오　싸

패턴·회화 연습 듣기

🎧 MP3 017

'bao xa'는 거리가 얼마나 되는지 묻고 싶을 때 '얼마나'의 의미로 사용되는 표현입니다. 이때, 말하고자 하는 거리를 시간으로 측정해서 대답할 수 있습니다.

패턴 구조		
~ bao xa?		얼마나 멀리 ~?
명사 + bao xa?		명사 + 얼마나 멀어?
동사 + bao xa?		얼마나 멀리 ~해?

패턴 연습		
Chỗ đó bao xa?	쪼　떠 바오 싸	그곳이 얼마나 멀어?
Đi bao xa?	띠　바오 싸	얼마나 멀리 가?
Từ đây đến đó bao xa?	뜨 떼이 뗀 떠 바오 싸	여기에서 거기까지 얼마나 멀어?

회화 연습

A: Công ty đó ở đâu?
　꼼　　띠 떠 어 떠우

B: Công ty đó ở Gangnam.
　꼼　　띠 떠 어　　강남

A: Đến đó bao xa?
　뗀　떠 바오 싸

B: Khoảng 40 phút.
　쾅　　본 므어이 푿

A: 그 회사가 어디에 있어요?

B: 그 회사는 강남에 있어요.

A: 거기까지 얼마나 멀어요?

B: 40분 정도요.

선생님 한마디

'~ bao xa?'는 '~ xa bao nhiêu?
(얼마나 멀어?)'라는 의미입니다.
그러나 '~ xa bao nhiêu?'는 자주 쓰이는 표현이 아닙니다.

새 단어

xa　*adj.* 멀다
chỗ　*n.* 곳
khoảng　*n.* 쯤, 정도
phút　*n.* 분(시간)
mãi mãi　*n.* 영원
nơi　*n.* 곳

응용 패턴

> ~ là bao xa? : ~ 얼마나 먼 거리니?

'Mãi mãi' là bao xa?　　'영원'이 얼마나 먼 거리예요?

Nơi đó là bao xa?　　그곳이 얼마나 먼 거리예요?

문장의 연결에 필요한 조사가 한국어만의 특징이라고 할 수 있
겠지만, 베트남어에서도 조사의 역할을 하는 품사가 있습니다.
베트남어에서는 어떤 조사들이 사용되는지 학습해 보세요.

2장

조사

Pattern 1

∼에/∼에서

ở / tại
어   따이

패턴·회화 연습 듣기

🎧 MP3 018

한국어의 조사 '∼에'는 장소와 결합해서 어떤 것이 그 장소에 있거나 위치한다는 의미로, 시간과 결합해서 어떤 행동이 진행되는 시점을 보여주지만, 베트남어의 'ở(∼에)'는 단순히 '장소'와만 결합할 수 있습니다.

패턴 구조	ở + 장소	장소 + ∼에서/∼에 있다
	동사 + ở + 장소	∼에서 ∼한다

패턴 연습

ở nhà 어 냐	집에서/집에 있다
Tôi ở nhà. 또이 어 냐	나는 집에 있다.
Tôi ăn cơm ở nhà. 또이 안 껌 어 냐	나는 집에서 밥을 먹는다.
Tôi làm việc ở / tại công ty. 또이 람 비엑 어 / 따이 꼼 띠	나는 회사에서 일한다.

회화 연습

A: Em ở đâu?
앰 어 떠우

B: Em ở trường.
앰 어 쯔엉

A: Em làm gì ở trường?
앰 람 찌 어 쯔엉

B: Em học tiếng Việt.
앰 헙 띠엥 비엗

A: 너는 어디에 있어?

B: 학교에 있어요.

A: 학교에서 뭐 해?

B: 베트남어를 배워요.

선생님 한마디

1. 'ở'는 '∼에 있다'는 의미도 있습니다.

예 ở nhà 집에 있다

2. 앞에 오는 장소가 목적지라는 것을 보여줄 기능이 없으므로 'đi(가다)/đến(오다/도착하다)'과 같은 동사와 결합하지 못합니다.

새 단어

nhà *n.* 집
cơm *n.* 밥
trường *n.* 학교
học *v.* 공부하다, 배우다
có *v.* 있다
không có *adj.* 없다

응용 패턴

∼ có ở ∼ / ∼ không có ở ∼ : ∼가 ∼에 있다/없다

Minho có ở nhà.	민호가 집에 있다.
Mẹ không có ở nhà.	어머니가 집에 없다.

~(으)로
bằng
방

패턴·회화 연습 듣기

🎧 MP3 019

한국어에서 '방향, 재료, 수단' 등을 나타내주는 멀티 기능을 가진 조사인 '~(으)로'와 비슷한 단어로 'bằng'이라는 단어가 베트남어에 있습니다. 그러나 'bằng'은 방향 또는 목적지를 나타내주지 않고, 단순히 '어떠한 수단'만을 연결해 줍니다.

패턴 구조

đi bằng + 교통수단	교통수단 + (으)로 가다
동사 + bằng + 재료/도구	재료/도구 + (으)로 하다

패턴 연습

Đi bằng xe máy.
띠 방 새 마이

오토바이로 간다.

Tôi đến Việt Nam bằng máy bay.
또이 뗀 비엘 남 방 마이 바이

나는 베트남에 비행기로 왔다.

Ăn bằng đũa.
안 방 뚜어

젓가락으로 먹는다.

Tôi ăn phở bằng đũa.
또이 안 퍼 방 뚜어

나는 쌀국수를 젓가락으로 먹는다.

회화 연습

A: Anh ăn gì?
    아잉 안 찌

B: Tôi ăn cơm sườn.
   또이 안 껌 스언

A: Anh ăn cơm sườn bằng gì?
   아잉 안 껌 스언 방 찌

B: Tôi ăn bằng nĩa.
   또이 안 방 니어

A: 무엇을 드세요?

B: 껌승 먹어요.

A: 껌승을 무엇으로 드세요?

B: 포크로 먹어요.

새 단어

xe máy *n.* 오토바이
máy bay *n.* 비행기
đũa *n.* 젓가락
nĩa *n.* 포크
nói *v.* 말하다
viết *v.* 쓰다
tay phải *n.* 오른손
cơm sườn *n.* 껌승
(베트남식 갈비 밥)

응용 패턴

không + 동사 + bằng ~ : ~(으)로 하지 않다

Minho không nói bằng tiếng Việt.   민호는 베트남어로 말하지 않는다.
Chị ấy không viết bằng tay phải.   그 언니/누나는 오른손으로 쓰지 않는다.

~도

cũng
꿈

패턴·회화 연습 듣기

🎧 MP3 020

한국어에서 조사 '~도'는 다양한 품사에 붙어서 '그것도 포함된다'는 의미를 나타내지만, 베트남어에서의 'cũng'은 동사나 형용사 앞에만 오며, '~하기도 하다'의 의미로 나타낼 수도 있습니다.

· 패턴 구조 ·

~ cũng + 동사 ~	~도 + 동사
~ cũng + 형용사	~도 + 형용사
~ cũng + là ~	~도 ~이다

· 패턴 연습 ·

Tôi cũng biết.
또이 꿈 비엣

나도 안다.

Anh ấy cũng biết tiếng Việt.
아잉 에이 꿈 비엣 띠엥 비엣

그도 베트남어를 안다.

Cái này cũng đẹp.
까이 나이 꿈 땝

이것도 예쁘다.

Minho cũng là học sinh.
민호 꿈 라 헙 싱

민호도 학생이다.

· 회화 연습 ·

A: Chị sống ở đâu?
찌 솜 어 떠우

B: Chị sống ở 'Sinchon'.
찌 솜 어 신쫀

A: Em cũng sống ở 'Sinchon'.
앰 꿈 솜 어 신쫀

B: Vậy à?
베이 아

A: 언니/누나는 어디에서 살아요?

B: 나는 신촌에서 살아요.

A: 저도 신촌에서 살아요.

B: 그래요?

· 선생님 한마디 ·

'~ cũng được'은 '~도 되다/괜찮다'의 의미로 사용됩니다.

예 Hôm nay cũng được.
오늘도 괜찮아요.

· 새 단어 ·

biết v. 알다
học sinh n. 학생
sống v. 살다
vậy à 그래요?
khóc v. 울다
nhanh adj. 빠르다

· 응용 패턴 ·

동사 + cũng + 동사/형용사 : ~하는 것도 ~

Khóc cũng đẹp.　　우는 것도 예쁘다.
Ăn cũng nhanh.　　먹는 것도 빠르다.

~만
chỉ
찌

'chỉ'는 '~만, ~밖에 없다, ~일 뿐이다'라는 의미를 나타내주는 단어로, 어떤 품사와 결합하는지에 따라 해석이 조금씩 달라질 수 있습니다.

패턴 구조

chỉ + 명사 ~	명사 + 만 ~
chỉ + 동사 ~	~만 + 동사
chỉ + 형용사	형용사 ~기만 하다
~ chỉ + là ~	~일 뿐이다

패턴 연습

chỉ một người
찌 몯 응어이

한 명만

Tôi chỉ ăn cháo.
또이 찌 안 짜오

나는 죽만 먹는다.

Cô ấy chỉ đẹp (thôi).
꼬 에이 찌 땝 (토이)

그녀는 예쁘기만 하다.

Tôi chỉ là nông dân.
또이 찌 라 농 연

나는 농부일 뿐이다.

회화 연습

A: Anh ấy là ai?
아잉 에이 라 아이

A: Anh ấy làm gì?
아잉 에이 람 찌

B: Anh ấy là Minho.
아잉 에이 라 민호

B: Anh ấy chỉ là sinh viên thôi.
아잉 에이 찌 라 싱 비엔 토이

A: 그는 누구예요?

A: 그는 무슨 일을 해요?

B: 그는 민호 씨라고 해요.

B: 그는 대학생일 뿐이에요.

선생님 한마디

'~일 뿐이다'의 구조가 'thôi(단지 ~이다)'라는 단어와 자연스럽게 결합되므로 '~ chỉ là ~ thôi'로 자주 사용됩니다.

새 단어

cháo *n.* 죽
nông dân *n.* 농부
sinh viên *n.* 대학생

응용 패턴

chỉ + 동사 + 목적어 : '목적어'만 '동사'

Anh ấy chỉ biết tiếng Anh thôi.
그는 영어만 안다./그는 영어밖에 모른다.

Lan chỉ nói tiếng Việt thôi.
란 씨는 베트남어만 한다.

Pattern 5

~와 함께

với

버이

패턴·회화 연습 듣기

🎧 MP3 022

어떤 행동을 '~와 함께, ~것을 ~와 같이'라는 의미로 'với'라는 단어를 사용해서 문장을 연결합니다. 또한, 'cùng(누구하고)'이나 'cùng với(누구랑)'라는 형태로 쓰이기도 합니다.

패턴 구조	동사 + với + 명사	명사 + 와 함께 + 동사

패턴 연습		
với bạn 버이 반		친구와 함께
Đi với bạn. 띠 버이 반		친구와 함께 간다.
Nói chuyện với bạn. 너이 쮀엔 버이 반		친구와 함께 이야기한다.
Ăn với thịt. 안 버이 틷		고기와 같이 먹는다.

회화 연습

A: **Anh làm gì?**
아잉 람 찌

B: **Tôi nói chuyện điện thoại.**
또이 너이 쮀엔 띠엔 톼이

A: **Anh nói chuyện điện thoại với ai?**
아잉 너이 쮀엔 띠엔 톼이 버이 아이

B: **Với đồng nghiệp.**
버이 돔 응이엡

A: 뭐해요?

B: 통화해요.

A: 누구랑 통화해요?

B: 동료랑요.

선생님 한마디

'với'가 뒤에 오는 명사와 더 가까운 관계가 있으므로, 언제나 명사 바로 앞에 옵니다. 그러나 앞에 오는 동사와 với 사이에 다른 명사가 올 수도 있습니다.

📝 Đi Việt Nam với bạn.
베트남에 친구와 함께 간다.

새 단어

bạn *n.* 친구
nói chuyện *v.* 이야기하다
thịt *n.* 고기
nói chuyện điện thoại
v. 통화하다
đồng nghiệp *n.* 동료
chia sẻ *v.* 나누다, 공유하다

응용 패턴

동사 + với + 명사 : '명사'에게 '동사'하다

Nói với các bạn.　　　여러분에게 말한다.

Chia sẻ với mọi người.　　모든 사람에게 나눈다. / 모든 사람에게 공유하다.

Pattern

6

~의 (소유)

của

꾸어

패턴·회화 연습 듣기

MP3 023

A와 B의 소유관계를 나타낼 때 '~의'라는 조사를 사용합니다. 'của'는 '~의'라는 의미의 역할을 하는 단어로, 한국어와 마찬가지로 경우에 따라 'của'가 생략될 수 있습니다.

· 패턴 구조 ·	A của B	B의 A

· 패턴 연습 ·

ba của tôi	나의 아버지
바 꾸어 또이	
vợ của tôi	나의 아내
버 꾸어 또이	
công việc của tôi	나의 일
꼼 비엑 꾸어 또이	
nhà của tôi	나의 집
냐 꾸어 또이	

· 회화 연습 ·

A: Đây là đâu?
떼이 라 더우

B: Đây là nhà của tôi.
떼이 라 냐 꾸어 또이

A: Ai ở nhà?
아이 어 냐

B: Chồng của tôi ở nhà.
쫌 꾸어 또이 어 냐

A: 여기가 어디예요?
B: 여기는 우리 집이에요.
A: 누가 집에 있어요?
B: 우리 남편이 집에 있어요.

· 선생님 한마디 ·

* 'của'가 생략될 수 있는 경우
① 사람과 사람 사이에 나올 때
  앞과 뒤가 중복되지 않는 경우
② 자신과 친밀한 관계가 있는
  장소의 경우

예 ba của tôi → ba tôi
  나의 아버지 → 내 아버지
  nhà của tôi → nhà tôi
  나의 집 → 내 집
  ba của ba→(중복 생략 안 됨)
  아버지의 아버지

· 새 단어 ·

ba *n.* 아버지
vợ *n.* 아내
chồng *n.* 남편
công việc *n.* 일
thích *v.* 좋아하다
áo *n.* 옷(상의)
sách *n.* 책
mượn *v.* (무료로) 빌리다,
  대출하다

· 응용 패턴 ·

동사 + A của B : B의 A를 ~하다

Tôi thích áo của anh.   나는 너의 옷을 좋아한다.
Lan mượn sách của tôi.   란 씨가 나의 책을 빌린다.

부사는 다른 말 앞에 놓여 그 뜻을 분명하게 하는 품사입니다.
그 중에서도 가장 많이 쓰이는 '접속 부사'를 학습해 보세요.

- 접속 부사 : 앞의 문장과 뒤의 문장을 이어 주면서 뒤의 말을
  꾸며 주는 부사를 말한다.
  예 그러나, 그런데, 그리고, 하지만 등

3장

접속 부사

그리고
và
바

🎧 MP3 024

'và'는 앞의 문장과 뒤의 문장을 이어 주면서 뒤의 말을 꾸며 주는 접속 부사로 '그리고'를 의미합니다.

주의 'và'는 문장 앞에 잘 나오지 않고 문장의 '중간' 또는 '말미'에 위치합니다.

패턴 구조

명사 và 명사	명사 그리고 명사
동사 + 목적어. Và ~	동사 + 목적어. 그리고 ~

패턴 연습

tôi và cô ấy
또이 바 꼬 에이
나 그리고 그녀 / 나와 그녀

Ăn bánh. Và uống cà phê.
안 바잉 바 우엉 까 페
과자를 먹는다. 그리고 커피를 마신다.

Tôi thích phở. Và tôi cũng thích bún chả.
또이 틱 퍼 바 또이 꿈 틱 분 짜
나는 쌀국수를 좋아한다.
그리고 분짜도 좋아한다.

회화 연습

A: Em uống gì?
앰 우엉 찌

B: Em uống cà phê. Và ăn bánh.
앰 우엉 까 페 바 안 바잉

A: Em uống cà phê gì?
앰 우엉 까 페 찌

B: Cà phê sữa đá.
까 페 스어 따

A: 뭐 마셔요?
B: 커피 마셔요. 그리고 케이크도 먹어요.
A: 무슨 커피 마셔요?
B: 아이스 연유커피요.

선생님 한마디

'và (그리고)'는 간단한 대화를 위해 문장 앞에 나오는 접속조사일 뿐입니다. 문장과 문장을 연결해주는 다양한 패턴은 13장을 확인해 주세요.

새단어

bánh *n.* 과자, 빵, 케이크
uống *v.* 마시다
cà phê *n.* 커피
sữa *n.* 우유, 연유
đá *n.* 얼음
mua *v.* 사다
nghèo *adj.* 가난하다
bún chả *n.* 분짜
(베트남식 고기 국수)

응용 패턴

~ với lại ~ : ~ 그리고 ~

Mua cái này. Với lại, mua cái kia.
이것을 산다. 그리고 저것도 산다.

Tôi là học sinh. Với lại, tôi nghèo.
나는 학생이다. 그리고 가난하다.

2

그런데

Nhưng mà
능　마

패턴·회화 연습 듣기

🎧 MP3 025

'nhưng mà'는 '그리고, 그러나, 그런데, 그러므로, 그렇지만' 등 매우 다양한 의미로 나타납니다. 그 중 문장 앞에 놓여 그 뜻을 분명하게 하는 '부사'에 해당하는 '그런데'의 표현을 학습해 보세요.

패턴 구조　Nhưng mà ~ (동사/형용사/구절)　그런데 ~ (동사/형용사/구절)

패턴 연습

Cô ấy hiền. Nhưng mà xấu.
꼬 에이 히엔　능　마　써우

그녀는 착하다. 그런데 못생겼다.

Nhưng mà, anh nghĩ thế nào?
능　　마 아잉 응이 테 나오

그런데 당신은 어떻게 생각해?

Tôi biết. Nhưng mà tôi không nói.
또이 비엘　능　마 또이　콤　너이

나는 안다. 그런데 말하지 않는다.

회화 연습

A: Hôm nay chúng ta học gì?
홈　나이 쭘 따 헙 찌

B: Chúng ta học tiếng Nhật.
쭘　따 헙 띠엥 녇

A: Nhưng mà, Minho đâu?
능　　마 민호 떠우

B: Tôi cũng không biết.
또이 꿈 콤 비엘

A: 오늘 우리는 무엇을 배우나요?

B: 우리는 일본어를 배워요.

A: 그런데 민호는 어디있죠?

B: 저도 모르겠어요.

선생님 한마디

'그런데'와 '그렇지만'의 공통점은 의미가 대립적인 두 구절 사이에 나타난다는 것입니다. 또한, 새로운 화제로 넘어가기 위한 기능도 있습니다.

새 단어

hiền *adj.* 착하다
xấu *adj.* 못생겼다
nghĩ *v.* 생각하다
hôm nay *n.* 오늘
tiếng Nhật *n.* 일본어

응용 패턴

Ủa mà, ~ (화제 전환) : 그런데 ~

Ủa mà, đó là ai?　　그런데 저기는 누구지?

Ủa mà, bạn nói gì?　그런데 넌 뭐라고 했지?

Pattern **3**

하지만/그렇지만
Nhưng
능

패턴·회화 연습 듣기
🎧 MP3 026

'nhưng'은 '하지만, 그렇지만'의 뜻으로, 대립적인 두 구절이나 두 문장 사이에 들어가 있는 접속 부사로 사용됩니다.

패턴 구조

~. Nhưng ~   ~. 하지만/그렇지만 ~

패턴 연습

Áo này đẹp. Nhưng mắc (đắt).   이 옷은 예쁘다. 하지만 비싸다.
아오 나이 땝 능 막 (딷)

Cà phê ngon. Nhưng đắng.   커피가 맛있다. 그렇지만 쓰다.
까 페 응언 능 땅

Tôi biết. Nhưng Minho không biết.   나는 안다. 하지만 민호는 모른다.
또이 비엗 능 민호 콤 비엗

회화 연습

A: Tiếng Việt thế nào?
띠엥 비엗 테 나오

B: Tiếng Việt hay. Nhưng khó.
띠엥 비엗 하이 능 커

A: Tiếng Hàn cũng hay.
띠엥 한 꿈 하이

B: Nhưng tôi thích tiếng Việt.
능 또이 틱 띠엥 비엗

A: 베트남어가 어때요?
B: 베트남어는 재미있어요. 하지만 어려워요.
A: 한국어도 재미있어요.
B: 그렇지만 저는 베트남어를 좋아해요.

선생님 한마디

'nhưng'이 대립적인 두 구절이
나 문장 사이에 나타날 경우에는
'nhưng mà(그런데)'로 바꿔서 사
용할 수도 있습니다.

예 Áo này đẹp. Nhưng mà mắc.
이 옷은 예뻐요. 그런데 비싸요.

새단어

mắc (đắt) *adj.* 비싸다
ngon *adj.* 맛있다
đắng *adj.* 쓰다
hay *adj.* 재미있다
khó *adj.* 어렵다
giỏi *adj.* 잘하다
hài lòng *v.* 마음에 들다
bản báo cáo *n.* 보고서
vấn đề *n.* 문제

응용 패턴

~. Tuy nhiên, ~ : ~. 그러나 ~

Anh ấy giỏi. Tuy nhiên, chúng tôi không hài lòng.
그는 잘한다. 그러나 우리는 마음에 들지 않는다.

Bản báo cáo tốt. Tuy nhiên, có một vấn đề.
보고서가 훌륭하다. 그러나 한 가지 문제가 있다.

그래서

Vì vậy
비 베이

패턴·회화 연습 듣기

🎧 MP3 027

선행절은 이유나 원인이고 후행절은 결과를 나타낼 경우, 그 사이에 '그래서'라는 접속 부사로 'vì vậy'을 사용합니다. 이 표현은 결과를 나타내는 문장 맨 앞에 위치합니다.

· 패턴 구조 ·   원인/이유. Vì vậy, 결과   ~. 그래서, ~

· 패턴 연습 ·

Trời mưa. Vì vậy, tôi ở nhà.
쩌이 므어 비 베이 또이 어 냐

비가 온다. 그래서, 나는 집에 있다.

Lan thích Việt Nam.
란 틱 비엗 남

란 씨가 베트남을 좋아한다.

Vì vậy, cô ấy học tiếng Việt.
비 베이 꼬 에이 헙 띠엥 비엔

그래서, 그녀는 베트남어를 배운다.

· 회화 연습 ·

A: Chị làm gì?
찌 람 찌

B: Chị viết báo cáo.
찌 비엗 바오 까오

A: Khi nào chị nộp báo cáo?
키 나오 찌 놉 바오 까오

B: Ngày mai. Vì vậy, hôm nay chị rất bận.
응아이 마이 비 베이 홈 나이 찌 럳 번

A: (누나/언니) 뭐 해요?

B: 보고서를 써요.

A: 언제 보고서를 제출해요?

B: 내일이요. 그래서, 오늘 아주 바빠요.

· 선생님 한마디 ·

'Vì vậy'는 'Vì thế'로 바꿔 쓸 수 있습니다. 북부 지방에서는 'thế'를, 남부 지방에서는 'vậy'를 자주 사용합니다.

· 새 단어 ·

trời mưa v. 비가 오다
nộp v. 제출하다
ngày mai n. 내일
rất adv. 아주, 매우
bận adj. 바쁘다
nóng adj. 덥다
buồn ngủ adj. 졸리다

· 응용 패턴 ·

~. Do đó ~ : ~. 그래서 ~

Việt Nam nóng. Do đó, người Việt Nam thích đá.

베트남은 덥다. 그래서, 베트남 사람은 얼음을 좋아한다.

Tôi buồn ngủ. Do đó, tôi uống cà phê.

나는 졸리다. 그래서, 커피를 마신다.

Pattern 5

그러면/그럼
Nếu vậy thì
네우 베이 티

패턴·회화 연습 듣기

🎧 MP3 028

'Nếu vậy thì'는 앞의 내용이 뒤의 내용에 조건이 될 때 쓰이는 접속 부사로 사용됩니다. 보통 'Nếu'를 생략하고 'vậy thì'를 사용하는 경우도 많습니다.

· 패턴 구조 · ~. Nếu vậy thì ~   ~. 그러면/그럼 ~

· 패턴 연습 ·

Vậy thì **mua!**   그럼 사자!
베이 티 무어

Nếu vậy thì **ngày mai gặp.**   그러면 내일 만나자.
네우 베이 티 응아이 마이 갑

Vậy thì **tôi đi trước.**   그러면 내가 먼저 간다.
베이 티 또이 띠 쯔억

· 회화 연습 ·

A: Khi nào anh có thời gian?
키 나오 아잉 꺼 터이 짠

B: Cuối tuần tôi có thời gian.
꾸어이 뚜언 또이 꺼 터이 짠

A: Vậy thì cuối tuần gặp.
베이 티 꾸어이 뚜언 갑

B: Dạ! được.
야 뜨억

A: 언제 시간 있어요?

B: 주말에 시간 있어요.

A: 그러면 주말에 봐요.

B: 네! 좋아요.

· 새 단어 ·

mua *v.* 사다
gặp *v.* 만나다
trước *adv.* 먼저
thời gian *n.* 시간
cuối tuần *n.* 주말
dạ(vâng)! 네! (감탄사)

· 응용 패턴 ·

Vậy, ~? : 그러면/그럼 ~?

Vậy, khi nào anh đi?   그러면, 언제 가니?

Vậy, cái này nói thế nào?   그럼, 이거 어떻게 말하니?

Pattern 6

물론
Dĩ nhiên là
이/지 니엔 라

패턴·회화 연습 듣기

🎧 MP3 029

'dĩ nhiên là'는 뒤에 오는 말이 '당연한 것'이라고 보여주기 위한 접속 부사의 역할로 사용됩니다. 보통, 문장 앞에 위치 하지만 경우에 따라서 앞의 문장과 관련이 없기도 합니다.

· 패턴 구조 ·

Dĩ nhiên là ~	물론 ~
Dĩ nhiên là ~ cũng ~	물론 ~도 ~

· 패턴 연습 ·

Dĩ nhiên là tôi thích.
이 니엔 라 또이 틱

물론 나는 좋아하지.

Dĩ nhiên là được.
이 니엔 라 뜨억

물론이지.

Dĩ nhiên là cái đó cũng tốt.
이 니엔 라 까이 떠 꿈 똗

물론 그것도 좋다.

· 회화 연습 ·

A: Giám đốc ở đâu?
짬 똑 어 떠우

B: Dĩ nhiên là ở công ty. Còn anh?
이 니엔 라어 꼼 띠 껀 아잉

A: Dĩ nhiên tôi cũng ở công ty.
이 니엔 또이 꿈 어 꼼 띠

A: 사장님은 어디세요?
B: 당연히 회사에 있죠. 당신은요?
A: 물론 저도 회사에 있죠.

· 선생님 한마디 ·

'dĩ nhiên là'는 '당연하다'의 의미로 '**đương nhiên là**'로 바꿔서 사용할 수 있습니다.

· 응용 패턴 ·

| ~ là đương nhiên rồi : ~ 물론(당연)이지 |

Cái đó là đương nhiên rồi. (그건) 당연하지.

Lan sống ở Hàn Quốc. Cô ấy giỏi tiếng Hàn là đương nhiên rồi.
란 씨는 한국에서 산다. (그녀는) 당연히 한국어를 잘합니다.

부사는 다른 말 앞에 놓여 그 뜻을 분명하게 하는 품사입니다.
그 중에서도 가장 많이 쓰이는 '정도 부사'를 학습해 보세요.

· 정도 부사 : 문장에서 서술어 기능을 하는 동사, 형용사 또는
  다른 부사의 정도를 한정하는 부사를 말한다.
  예 '철수는 매우 멋있는 사람이다.'의 '매우'
     '정상은 너무 멀다.'의 '너무'

4장

정도 부사

Pattern 1

아주 ~

rất ~

런/쩐

패턴·회화 연습 듣기

🎧 MP3 030

'rất'은 형용사나 동사 '앞에' 위치하며, 보통의 정도보다 훨씬 더 넘어선 상태인 '아주'의 의미를 가지는 정도 부사입니다.

・패턴 구조・	rất + 형용사	아주 + 형용사
	rất + 동사	아주 + 동사

・패턴 연습・

Rất đẹp.
런 땝
아주 예쁘다.

Tôi rất vui.
또이 런 부이
나는 아주 기쁘다.

Tôi rất thích.
또이 런 틱
나는 아주 좋아한다.

Tôi rất yêu cô ấy.
또이 런 이우 꼬 에이
나는 그녀를 아주 사랑한다.

・회화 연습・

A: **Phở rất ngon.**
　 퍼　 런 응언

B: **Gỏi cuốn cũng rất ngon.**
　 거이 꾸언　 꿈　 런 응언

A: **Vợ tôi rất thích gỏi cuốn.**
　 버 또이 런　 틱　 거이 꾸언

B: **Vậy à?**
　 베이 아

A: 쌀국수가 아주 맛있어요.

B: 월남쌈도 아주 맛있어요.

A: 우리 아내가 월남쌈을 아주 좋아해요.

B: 그래요?

・선생님 한마디・

'rất'을 강조하기 위해 'rất là'나 'rất chỉ là'를 쓰기도 합니다.

예 Rất chỉ là đẹp.
진짜 예쁘다.

・새단어・

yêu　*v.* 사랑하다
gỏi cuốn　*n.* 월남쌈
mùa đông　*n.* 겨울
lạnh　*adj.* 춥다

・응용 패턴・

> ~ rất là ~ : ~ 매우 ~

Mùa đông rất là lạnh.　　　겨울이 매우 춥다.

Minho rất là giỏi tiếng Việt.　민호 씨는 베트남어를 매우 잘한다.

70 패턴의 법칙 **베트남어** 첫걸음

~ 아주
# ~ lắm
람

패턴·회화 연습 듣기

🎧 MP3 031

'lắm'은 형용사나 동사 '뒤에' 위치하며, 형용사를 꾸며주는 역할을 합니다. 'rất'은 강하게 발음하거나 'rất là'를 사용해 그 의미를 강조할 수 있는 반면, 'lắm'은 단순히 화자의 느낌과 생각을 진술하는 의미로 사용됩니다.

· 패턴 구조 ·

형용사 + lắm   아주 + 형용사

동사 + lắm   아주 + 동사

· 패턴 연습 ·

Nóng lắm.   아주 덥다.
넝   람

Việt Nam nóng lắm.   베트남은 아주 덥다.
비엣 남 넝 람

Ghét lắm.   아주 싫어한다.
갣   람

Tôi ghét ngò lắm.   나는 고수를 아주 싫어한다.
또이 갣 응어 람

· 회화 연습 ·

A: Tiếng Việt thế nào?
띠엥 비엣 테 나오

B: Tiếng Việt khó lắm.
띠엥 비엣 커 람

A: Cái gì khó?
까이 찌 커

B: Phát âm.
팓 엄

A: 베트남어가 어때요?

B: 베트남어는 아주 어려워요.

A: 뭐가 어려워요?

B: 발음이요.

· 선생님 한마디 ·

'lắm'처럼 형용사나 동사 뒤에 올 수 있는 'quá(과/와)'라는 표현도 있지만 이는 감탄사에 더 가깝습니다. 'lắm'은 다른 사람에게 정보를 전달할 때 많이 쓰이며, 'quá'는 화자가 스스로 감탄할 때 많이 사용됩니다.

· 새 단어 ·

ghét   v. 싫어하다
ngò (rau mùi)   n. 고수(식물)
phát âm   v./n. 발음하다/발음

· 응용 패턴 ·

~ quá! : 너무 ~!

Đẹp quá!   너무 예쁘다!

Thích quá!   너무 좋다!

Pattern 3

조금/약간

hơi

허이

패턴·회화 연습 듣기

🎧 MP3 032

'hơi'는 형용사나 동사 '앞에' 위치하며, 정도가 약하거나 얼마 되지 않은 '조금, 약간'의 뜻을 가진 정도 부사입니다. 화자의 느낌을 나타내는 동사와 결합하여 사용됩니다.

· 패턴 구조 ·

| hơi + 형용사 | 조금/약간 + 형용사 |
| hơi + 동사 | 조금/약간 + 동사 |

· 패턴 연습 ·

Hơi buồn.
허이 부언

조금 슬프다.

Tôi hơi buồn.
또이 허이 부언

나는 조금 슬프다.

Hơi thích.
허이   틱

약간 좋아한다.

Minho hơi thích Lan.
민호   허이 틱   란

민호가 란 씨를 약간 좋아한다.

· 회화 연습 ·

A: Phim này thế nào?
   핌   나이 테 나오

B: Hơi chán.
   허이 짠

A: Còn phim này?
   껀   핌   나이

B: Phim đó hơi buồn.
   핌   떠 허이 부언

A: 이 영화/드라마는 어때요?

B: 조금 지루해요.

A: 이 영화는요?

B: 그 영화는 약간 슬퍼요.

· 선생님 한마디 ·

'hơi'는 모든 동사와 결합할 수 있는 것이 아니라 화자의 '느낌을 나타내는 동사'와만 결합할 수 있습니다.

예 hơi xem (×)
   조금 보다

· 새단어 ·

buồn *adj.* 슬프다
phim *n.* 영화, 드라마
chán *adj.* 심심하다, 지루하다
mặn *adj.* 짜다

· 응용 패턴 ·

hơi + 형용사 + một chút : 조금 ~

Hơi mặn một chút.   조금 짜다.
Món này hơi mặn một chút.   이 음식은 조금 짜다.

조금/잠깐
một chút
몯 쭏

패턴·회화 연습 듣기

🎧 MP3 033

'một chút'은 형용사나 동사 뒤에 위치하며, '조금, 잠깐'의 의미를 가지고 형용사를 꾸며주는 역할을 합니다.

패턴 구조

형용사 + một chút　　　조금 + 형용사

부사 + một chút　　　　조금 + 부사

동사 + một chút　　　　잠깐 + 동사

패턴 연습

Xa một chút.　　　　　조금 멀다.
싸 몯 쭏

Đi xa một chút.　　　　조금 멀리 간다.
띠 싸 몯 쭏

Ăn một chút.　　　　　조금 먹는다.
안 몯 쭏

Tôi ngồi một chút.　　　나는 잠깐 앉아 있다.
또이 응오이 몯 쭏

회화 연습

A: Anh Minho đâu?
　　아잉 민호 떠우

B: Anh chờ một chút. Anh ấy hơi bận.
　　아잉 쩌 몯 쭏 아잉 에이 허이 번

A: Cảm ơn chị.
　　깜 언 찌

A: 민호 형은 어디 있어요?

B: 잠깐만 기다려요. 그는 조금 바빠요.

A: 감사합니다.

선생님 한마디

목적어가 있는 경우 2가지로 나눌 수 있습니다.
① 주어+một chút(조금)+목적어
: 목적어를 수식하는 경우
② 주어+목적어+một chút(잠깐)
: 동사를 수식하는 경우

새단어

xa　*adj.* 멀다
ngồi　*v.* 앉다
chờ (đợi)　*v.* 기다리다
nghe　*v.* 듣다
nhạc　*n.* 음악
xem　*v.* 보다

응용 패턴

동사 + 목적어 + một chút : 잠깐 '목적어'를 '동사'

Nghe nhạc một chút.　　잠깐 음악을 듣는다.

Xem phim một chút.　　잠깐 영화를 본다.

부사는 다른 말 앞에 놓여 그 뜻을 분명하게 하는 품사입니다.
그 중에서도 가장 많이 쓰이는 '빈도 부사'를 학습해 보세요.

• 빈도 부사 : 같은 현상이나 일이 반복되는 수를 나타내는
 부사를 말한다.
 예 가끔, 보통, 종종, 항상 등

5장

빈도 부사

Pattern 1

가끔
thỉnh thoảng
팅   탕

패턴·회화 연습 듣기

🎧 MP3 034

'thỉnh thoảng'은 '가끔, 때때로'의 의미를 가지며, 동사 앞에 오는 것이 원칙이지만 보통은 문장 맨 앞(주어 앞)에 위치합니다. 'thỉnh thoảng' 외에 '가끔'의 의미를 가진 빈도 부사로 'đôi lúc, đôi khi, lâu lâu'도 있습니다.

패턴 구조

Thỉnh thoảng + 동사   가끔 + 동사

Thỉnh thoảng + 주어 + 동사   가끔 + 주어 + 동사

패턴 연습

Thỉnh thoảng đi.
팅   탕   띠   가끔 간다.

Thỉnh thoảng tôi đi Việt Nam.
팅   탕   또이 띠 비엔   남   나는 가끔 베트남에 간다.

Thỉnh thoảng gặp.
팅   탕   갑   가끔 만난다.

Chúng tôi thỉnh thoảng gặp.
쭘   또이   팅   탕   갑   우리는 가끔 만난다.

회화 연습

A: Thỉnh thoảng tôi nấu phở.
팅   탕   또이 너우   퍼

B: Tôi rất thích phở.
또이 럳   틱   퍼

A: Tôi thích nấu ăn.
또이   틱   너우 안

B: Thỉnh thoảng tôi cũng nấu ăn.
팅   탕   또이 꿈   너우 안

A: 제가 가끔씩 쌀국수를 만들어요.

B: 제가 쌀국수를 아주 좋아해요.

A: 저는 요리를 좋아해요.

B: 저도 가끔 요리를 해요.

선생님 한마디

'lâu lâu'는 구어체에서 가장 많이 쓰이며 형용사와도 결합할 수 있습니다.

예 Lâu lâu không bình thường.
가끔씩 정상적이지 않다.

새 단어

nấu (ăn) v. 요리하다
đến v. 오다, 도착하다

응용 패턴

> Thỉnh thoảng ~ hay ~ : 가끔씩 ~

Thỉnh thoảng tôi hay xem phim.   나는 가끔씩 영화를 본다.

Thỉnh thoảng cô ấy hay đến nhà tôi.   그녀가 가끔씩 우리 집에 온다.

아주 가끔
ít khi
잍 키

패턴·회화 연습 듣기

🎧 MP3 035

'ít khi'는 동사나 형용사 앞에 올 수 있으며 '아주 가끔'이라는 의미를 가집니다.

· 패턴 구조 ·

Ít khi + (주어) + 동사/형용사

주어 + ít khi + 동사/형용사

아주 가끔 ~하다

· 패턴 연습 ·

Ít khi ăn.
잍 키 안

아주 가끔 먹는다.

Ít khi tôi gặp anh ấy.
잍 키 또이 갑 아잉 에이

나는 그를 아주 가끔 만난다.

Tôi ít khi đói bụng.
또이 잍 키 떠이 붐

나는 아주 가끔 배가 고프다.

Anh ấy ít khi đến đây.
아잉 에이 잍 키 뗀 떼이

그는 여기에 아주 가끔 온다.

· 회화 연습 ·

A: Em thường ăn phở.
앰 트엉 안 퍼

B: Chị ít khi ăn phở.
찌 잍 키 안 퍼

A: Chị thường ăn gì?
찌 트엉 안 찌

B: Chị thường ăn cơm.
찌 트엉 안 껌

A: 저는 쌀국수를 자주 먹어요.

B: 나는 아주 가끔 먹어.

A: 무엇을 자주 드세요?

B: 나는 밥을 자주 먹어.

· 선생님 한마디 ·

1. 'ít khi' 대신에 'hiếm khi'를 사용할 수 있습니다. 'ít'은 '적다'라는 의미고 'hiếm'은 '드물다'라는 의미입니다.

2. 'thường ăn'은 '자주 먹는다'라는 의미로 빈도 부사 'thường'과 동사 'ăn'의 결합입니다. 다음 페이지에서 패턴 'thường'을 자세히 학습해 보세요.

· 응용 패턴 ·

(주어) + hiếm khi + 동사/형용사 : 아주 가끔 ~하다

Chị ấy hiếm khi xấu.

그 언니는 아주 가끔 못생겼다.

Tôi hiếm khi đọc sách.

나는 책을 아주 가끔 읽는다.

보통
thường
트엉

패턴·회화 연습 듣기

🎧 MP3 036

'보통'이 한국어에서는 명사로 많이 쓰이지만, 베트남어에서는 '형용사'와 '부사'로도 사용됩니다. 'thường'은 부사로 '동사 바로 앞에' 오는 특징이 있습니다.

· 패턴 구조 · ~ thường + 동사　　　　　　~ 보통 ~

· 패턴 연습 ·

Tôi thường xem TV.
또이　트엉　쌤 띠부이　　　　　　　나는 보통 TV를 본다.

Tôi thường nghe nhạc.
또이　트엉　응애 냑　　　　　　　나는 보통 음악을 듣는다.

Người ta thường nói.
응어이 따　트엉　너이　　　　　　　사람들이 보통 말한다.

· 회화 연습 ·

A: Anh thường làm gì?
　　아잉　트엉　람 찌

B: Anh thường đọc sách.
　　아잉　트엉　떱 사익

A: Em cũng vậy.
　　앰　꿈 베이

B: Vậy, Anh đọc với em.
　　베이 아잉 떱 버이 앰

A: 보통 뭐 하세요?

B: 나는 보통 책을 읽어.

A: 저도요.(저도 그래요.)

B: 그러면 나도 너랑 같이 읽을게.

· 새 단어 ·

người ta *n.* 사람들, 그들
đọc *v.* 읽다
ngủ *v.* 자다

· 응용 패턴 ·

Bình thường ~ : 보통 ~

Bình thường tôi ngủ trễ.　　　　　보통 나는 늦게 잔다.

Bình thường anh ấy uống cà phê sữa đá.　　그는 보통 아이스 연유커피를 마신다.

Pattern
4

자주

hay

하이

패턴·회화 연습 듣기

🎧 MP3 037

'hay'는 '자주'의 의미를 가지며, '동사 바로 앞에' 오는 특징이 있습니다. 'thường' 보다 빈도가 더 높은 상황 또는 행동을 나타냅니다.

· 패턴 구조 ·　　~ hay + 동사　　　　　　　~ 자주 ~

· 패턴 연습 ·

Hay cười.
하이 　끄어이

자주 웃는다.

Cô ấy hay cười.
꼬 　에이 하이 끄어이

그녀는 자주 웃는다.

Giám đốc hay đi công tác.
쨤 　똑 하이 띠 꼼 　딱

사장님은 출장을 자주 간다.

Minho hay thức khuya.
민호 　하이 　특 　퀴어

민호 씨는 자주 밤을 새운다.

· 회화 연습 ·

A: **Anh hay làm gì?**
　　아잉 　하이 　람 　찌

B: **Đọc sách.**
　　떱 　　사익

A: **Anh hay đọc sách gì?**
　　아잉 　하이 　떱 　사익 　찌

B: **Tiểu thuyết.**
　　띠에우 　튀엩

A: 형은 무엇을 자주 하세요?

B: 독서/책을 읽어.

A: 형은 무슨 책을 자주 읽으세요?

B: 소설이야.

· 선생님 한마디 ·

1. 'hay'를 'thường hay'로 쓰는 경우도 많습니다. 둘 다 '자주'를 의미합니다.

2. 'hay'를 강조하고 싶을 때에는 **hay** 앞에 정도 부사 **rất**(아주)을 넣어 표현합니다.

· 새 단어 ·

cười *v.* 웃다
công tác *n.* 출장
thức khuya *v.* 밤새다
tiểu thuyết *n.* 소설

· 응용 패턴 ·

~ rất hay ~ : ~ 아주 자주 ~

Anh ấy rất hay nấu ăn.　　그는 요리를 아주 자주 한다.

Tôi rất hay đi công tác.　　나는 출장을 아주 자주 간다.

항상/늘

luôn / luôn luôn
루언   루언   루언

패턴·회화 연습 듣기

🎧 MP3 038

'luôn'은 'hay' 보다 빈도가 더 높은 부사이며, 표현을 더 강조하고 싶을 때 'luôn luôn'이라고 반복해서 표현하기도 합니다. 'luôn'은 '형용사'와 '동사'에 모두 결합할 수 있습니다.

패턴 구조

~ luôn ~   ~ 항상/늘 ~

패턴 연습

Luôn bận.   항상 바쁘다.
루언 번

Giáo sư luôn bận.   교수님은 항상 바쁘다.
짜오 스 루언 번

Tôi luôn luôn dậy sớm.   나는 항상 일찍 일어난다.
또이 루언 루언 예이 섬

· 회화 연습 ·

A: Minho đâu?
   민호   떠우

B: Anh ấy không có ở công ty.
   아잉 에이 콤 꺼어 꼼 띠

A: Tại sao?
   따이 사오

B: Vì anh ấy luôn luôn đi ra ngoài.
   비 아잉 에이 루언 루언 띠 라 응와이

A: 민호는 어디 있어?

B: 그는 회사에 없어요.

A: 왜?

B: 왜냐하면 그는 항상 나가거든요.

새 단어

giáo sư *n.* 대학 교수
dậy *v.* 일어나다
sớm *adj./adv.* 이르다/일찍
đi ra *v.* 나가다
ngoài *n.* 밖
vui *adj.* 기쁘다

· 응용 패턴 ·

~ luôn không ~ : 항상 ~하지 않다

Tôi luôn không tin anh ấy.   나는 항상 그를 믿지 않는다.
Cô ấy luôn không vui.   그녀는 항상 기쁘지 않다.

언제나

lúc nào cũng
룹 나오 꿈

패턴·회화 연습 듣기

🎧 MP3 039

'lúc nào cũng'은 'luôn' 보다 빈도가 한 단계 더 높은 부사입니다. 의미도 'luôn' 보다 부드럽게 느껴지므로, 베트남 사람들이 자주 쓰는 표현입니다. 'lúc nào(언제)'와 'cũng(~도)'이 결합하여 '언제나'의 의미를 가집니다.

패턴 구조	~ lúc nào cũng ~	~ 언제나 ~

패턴 연습

Lúc nào cũng **đẹp.**
룹 나오 꿈 땝

언제나 예쁘다.

Lúc nào cũng **ăn.**
룹 나오 꿈 안

언제나 먹는다.

Lan lúc nào cũng **siêng năng.**
란 룹 나오 꿈 시엥 낭

란 씨는 언제나 부지런하다.

Cô Lee lúc nào cũng **ăn bún chả.**
꼬 리 룹 나오 꿈 안 분 짜

이 선생님은 언제나 분짜를 먹는다.

회화 연습

A: **Anh làm gì?**
아잉 람 찌

B: **Anh họp.**
아잉 헙

A: **Anh lúc nào cũng họp.**
아잉 룹 나오 꿈 헙

B: **Ừ! Anh rất bận.**
으 아잉 럳 번

A: 뭐해요?

B: 난 회의 중이야.

A: 언제나 회의하네.

B: 응! 난 아주 바빠.

선생님 한마디

어떤 것을 불평하고 싶을 때에는 'lúc nào cũng'으로 표현합니다.
예 Lúc nào cũng trễ!
   언제나 늦네!

새단어

siêng năng *adj.* 부지런하다
họp *v.* 회의하다
ừ! 응! (감탄사)

응용 패턴

Lúc nào ~ cũng ~ : ~ 언제나 ~

Lúc nào anh ấy cũng làm việc.   그는 언제나 일을 한다.
Lúc nào tôi cũng vui.   나는 언제나 기쁘다.

Pattern 7

거의 ~하지 않다

hầu như không

허우 느 콤

🎧 MP3 040

패턴·회화 연습 듣기

'hầu như không'은 '거의 ~하지 않다'라는 의미의 패턴 표현으로, '어느 한도에 매우 가까운 정도'를 나타내주는 부정형과 자주 쓰이는 표현 중 하나입니다.

패턴 구조

~ hầu như không ~

~ 거의 ~하지 않다

패턴 연습

Hầu như không **có**.
허우 느 콤 꺼

거의 없다.

Hầu như không **ăn**.
허우 느 콤 안

거의 먹지 않는다.

Ba tôi hầu như không **ngủ**.
바 또이 허우 느 콤 응우

우리 아버지는 거의 자지 않았다.

회화 연습

A: Tại sao anh mệt?
따이 사오 아잉 멛

B: Vì hôm qua anh hầu như không ngủ.
비 홈 과 아잉 허우 느 콤 응우

A: Tại sao?
따이 사오

B: Vì anh rất bận.
비 아잉 럳 번

A: 왜 피곤하세요?

B: 저는 어제 거의 자지 않았어요.

A: 왜요?

B: 아주 바빠서요.

선생님 한마디

'hầu như không' 대신에 'gần như không'으로도 자주 사용됩니다.

📝 Hôm qua, tôi gần như không **ngủ**.
어제, 나는 거의 자지 않았다.

새 단어

mệt *adj.* 피곤하다
kết thúc *v.* 끝나다

응용 패턴

~ gần ~ : 거의 ~

Gần đến.

거의 다 왔다.

Cuộc họp gần kết thúc.

회의가 거의 끝났다.

절대 ~하지 않다
không bao giờ
콤　바오　쩌

패턴·회화 연습 듣기

🎧 MP3 041

'không bao giờ'는 '어느 한도에 매우 가까운 정도'를 나타내주는 부정형과 자주 쓰이는 표현 중 하나로 'hầu như không' 보다 더 강한 부정의 의미입니다. 'bao giờ(언제)' 앞에 부정의 의미인 'không(아니)'이 결합하여 '절대 ~하지 않다'의 의미를 가집니다.

패턴 구조 · ~ không bao giờ ~ 　　　　　　　 ~ 절대 ~하지 않다

패턴 연습 ·
Không bao giờ nghe. 　　　　　　 절대 듣지 않는다.
콤　　　바오 쩌 응애

Không bao giờ buồn. 　　　　　　 절대 슬프지 않다.
콤　　　바오 쩌 부언

Mẹ tôi không bao giờ đi siêu thị. 　 우리 어머니는 절대 마트에 가지 않는다.
매 또이 콤 바오 쩌 띠 시에우 티

Anh ấy không bao giờ yêu tôi. 　　 그는 나를 절대 사랑하지 않는다.
아잉 에이 콤　바오 쩌 이우 또이

회화 연습 ·

A: Đây là ớt hiểm.
　 떼이 라 얻 히엠

B: Em không bao giờ ăn ớt.
　 앰　　콤　바우 쩌 안 얻

A: Vậy à? Nhưng chị thích ớt.
　 베이 아　 능　 찌　 틱 얻

B: Ớt rất cay.
　 얻 럳 까이

A: 이거 매운 고추야.

B: 저는 절대 고추를 먹지 않아요.

A: 그래? 근데 나는 고추를 좋아해.

B: 고추가 아주 매워요.

선생님 한마디 ·

1. 'không bao giờ'는 영어에서 'never'와 같은 의미입니다.

2. 표현을 더 강조하고 화자의 의지를 함께 나타낼 때는 'tuyệt đối không'으로 표현합니다.

예 Tôi tuyệt đối không tin.
　 나는 절대로 믿지 않을 것이다.

새 단어 ·

siêu thị n. 슈퍼, 마트
tin v. 믿다
hiểu v. 이해하다
tha thứ v. 용서하다
ớt n. 고추
ớt hiểm n. 고추(베트남 매운 고추)

응용 패턴 ·

> Không bao giờ : 절대 ~하지 않다

Không bao giờ anh ấy hiểu. 　　 그는 절대 이해하지 못한다.

Không bao giờ tôi tha thứ. 　　 나는 절대 용서하지 않는다.

2단계

기초 문장
익히기

시제는 단어를 통해서 표시되는데 크게 3가지인 '과거·현재·미래 시제'로 나누어집니다. 구체적으로 근접 과거 시제, 과거 완료 시제, 현재 진행 시제, 근접 미래 시제로 나누어지기도 합니다. 그중 가장 많이 쓰이는 시제들을 학습해 보세요.

6장

시제

Pattern 1

~고 있다/~하는 중이다

đang ~
땅

패턴·회화 연습 듣기

🎧 MP3 042

현재 진행 시제로 어떤 일을 진행하고 있거나 그 과정 중일 때 동사 앞에 'đang'을 넣어 표현합니다. đang은 뒤에 '동사, 명사, 형용사'와 결합하여 시작되는 시점의 상태를 나타냅니다.

· 패턴 구조 ·		
đang + 동사	~하고 있다/~하는 중이다
đang + 형용사	(현재) ~(상태)
đang là + 명사	(현재) ~이다
đang có + 명사	~ 가지고 있다

· 패턴 연습 ·

Đang họp.
땅 헙
회의 중이다.

Đang bận.
땅 번
(지금) 바쁘다.

Tôi đang làm việc.
또이 땅 람 비엑
나는 일하고 있다.

Em ấy đang là học sinh.
앰 에이 땅 라 헙 싱
그 동생은 학생이다.

Anh ấy đang có tiền.
아잉 에이 땅 꺼 띠엔
그는 돈을 가지고 있다.

· 회화 연습 ·

A: Em đang làm gì?
   앰 땅 람 찌

B: Em đang nấu cơm.
   앰 땅 너우 껌

A: 뭐 하고 있어요?

B: 밥하고 있어요.

A: Em đang nấu món gì?
   앰 땅 너우 먼 찌

B: Cà ri.
   까 리

A: 무슨 요리를 하고 있어요?

B: 카레요.

· 선생님 한마디 ·

'đang'은 '동사, 형용사, 이다, 있다/없다'와도 결합할 수 있습니다.

· 새 단어 ·

nấu cơm v. 밥하다
món (+ 음식명) n. 음식, 요리
cà ri n. 카레
kỳ thi n. 시험 기간
quá trình n. 과정
giảm cân v. 다이어트하다

· 응용 패턴 ·

đang trong + 명사 : (현재) ~(과정)에 있다

Tôi đang trong kỳ thi.
나는 시험 기간에 있다.

Tôi đang trong quá trình giảm cân.
나는 다이어트하는 과정에 있다.

~했다

đã ~ / ~ rồi
따 로이

패턴·회화 연습 듣기

🎧 MP3 043

과거 시제를 나타내는 표현 중 '~했다'의 표현으로 'đã'와 'rồi'가 있습니다. 'đã'는 동사 앞에 위치하고, 'rồi'는 동사 뒤와 문장 맨 끝에 위치합니다. 둘 다 같은 의미를 가지고 있지만, 'đã'에 비해 'rồi'는 구어체에서 더 많이 쓰입니다.

· 패턴 구조 ·

đã + 동사   ~했다

동사 + rồi   ~했다

· 패턴 연습 ·

Tôi đã học.
또이 따 헙
나는 공부했다.

Tôi đã học tiếng Việt.
또이 따 헙 띠엥 비엣
나는 베트남어를 배웠다.

Tôi ăn cơm rồi.
또이 안 껌 로이
나는 밥을 먹었다.

Tôi biết rồi.
또이 비엣 로이
알았다.

· 회화 연습 ·

A: Tháng trước, tôi đã đến Việt Nam.
탕 쯔억 또이 따 뗀 비엣 남

B: Việt Nam thế nào?
비엣 남 테 나오

A: Rất đẹp. Nhưng hơi nóng.
럿 땝 능 허이 넘

B: Vậy à?
베이 아

A: 지난 달에 베트남에 와 있었어요.

B: 베트남은 어때요?

A: 예뻐요. 하지만 조금 더워요.

B: 그래요?

· 선생님 한마디 ·

어떤 사실에 대한 인식을 표현할 때, 'đã'와 'rồi'를 둘 다 사용할 수 있습니다. 그러나 '알았어요, 알겠어요'의 경우는 '~ biết rồi'로 표현합니다.

· 새 단어 ·

tháng *n.* 월, 달
tháng trước *n.* 지난 달

· 응용 패턴 ·

đã ~ rồi : ~했다

Tôi đã gặp Minho rồi.   나는 민호를 만났다.

Giám đốc đã đi công tác rồi.   사장님이 출장 갔다.

Pattern 3

방금/조금 전에 ~했다

vừa mới ~
브어   머이

패턴·회화 연습 듣기

🎧 MP3 044

'vừa mới'는 어떤 일을 한 지 얼마 안 됐거나 '조금 전에 했다'는 의미로, 동사 앞에 위치합니다.

주의 'vừa mới'가 동사 앞에 위치할 때, 'đã'는 사용할 수 없습니다.

패턴 구조 vừa mới + 동사   방금/조금 전에 ~했다

패턴 연습

Vừa mới **ngủ dậy**.   방금 일어났다.
브어 머이 응우 예이

Vừa mới **ăn cơm**.   방금 밥 먹었다.
브어 머이 안 껌

Tôi vừa mới **gặp cô ấy**.   나는 방금 그녀를 만났다.
또이 브어 머이 갑 꼬 에이

Tôi vừa mới **ăn sáng**.   나는 방금 아침을 먹었다.
또이 브어 머이 안 사앙

회화 연습

A: **Em đang uống cà phê.**
   앰   땅 우엉 까 페

B: **Anh cũng vừa mới uống.**
   아잉 꿈 브어 머이 우엉

A: **Anh uống cà phê gì?**
   아잉 우엉 까 페 찌

B: **Cà phê đen.**
   까 페 땐

A: 커피를 마시고 있어요.

B: 나도 방금 마셨어.

A: 무슨 커피를 마셨어요?

B: 블랙커피요.

선생님 한마디

1. vừa mới와 같은 표현
= vừa, mới, mới vừa

2. 동사 뒤에 '이미, 벌써'의 뜻을 가진 'rồi'를 넣어서 사용하기도 하지만, 필수적인 것은 아닙니다.

새단어

ngủ dậy (thức dậy)
v. 일어나다
sáng n. 아침
cà phê đen n. 블랙커피

응용 패턴

> **vừa mới ~ rồi** : 방금 ~했다

Giám đốc vừa mới đi rồi.   사장님이 방금 갔다.
Tôi vừa mới nghe rồi.   나는 조금 전에 들었다.

다 ~했다

~ xong rồi
썸 로이

패턴·회화 연습 듣기
🎧 MP3 045

'~xong rồi'는 과거 완료를 나타내는 표현으로 '모두 ~했다'의 뜻을 가진 표현입니다. 'xong'은 어떤 행동이 모두 끝났다는 의미로 'rồi'와 결합해서 '이미 다 했다'는 과거 완료를 나타냅니다.

| 패턴 구조 | ~ xong rồi | 다 ~했다 |

패턴 연습

Ăn xong rồi.
안 썸 로이
다 먹었다.

Tôi ăn cơm xong rồi.
또이 안 껌 썸 로이
내가 밥을 다 먹었다.

Chúng tôi họp xong rồi.
쭘 또이 헙 썸 로이
우리는 회의를 다 했다.

Tôi xem xong rồi.
또이 쌤 썸 로이
내가 다 봤다.

회화 연습

A: **Mẹ nấu cơm xong rồi.**
　 매 너우 껌 썸 로이

B: **Dạ.**
　 야

A: **Khi nào con ăn?**
　 키 나오 껀 안

B: **Một lát nữa con ăn.**
　 몯 랃 느어 껀 안

A: 엄마는 밥 다 했어.

B: 네.

A: 언제 먹을 거야?

B: 조금 이따 먹을게요.

선생님 한마디

'xong rồi'는 '어떤 일을 하는 행위가 끝났다'는 의미로 사용되고, 'hết rồi'는 '남김없이 다 처리했다'는 의미로 사용됩니다.

예 Ăn hết rồi.
　 다 먹었다.

새단어

một lát nữa *adv.* 조금 이따
làm *v.* ~을 하다, 행하다

응용 패턴

| đã ~ xong rồi : ~다 했다 |

Tôi đã làm xong rồi.　　나는 다 했다.
Mẹ đã nấu cơm xong rồi.　엄마는 밥을 다 했다.

~할 것이다/~하겠다

sẽ ~

새

패턴·회화 연습 듣기
MP3 046

베트남어에서 미래 시제나 화자의 다짐을 표현하고 싶을 때 동사 앞에 'sẽ'라는 말을 넣어 '~할 것이다/~하겠다'의 표현을 사용합니다. 하지만, 실제 회화에서는 맥락에 따라 'sẽ'가 생략될 수도 있습니다.

패턴 구조 sẽ + 동사 ~할 것이다/~하겠다

패턴 연습

Tôi sẽ đi.
또이 새 띠
내가 갈 것이다.

Anh ấy sẽ đến.
아잉 에이 새 뗀
그가 올 것이다.

Tuần sau, tôi sẽ rất bận.
뚜언 사우 또이 새 럳 번
다음 주에 내가 아주 바쁠 것이다.

Tôi sẽ cố gắng.
또이 새 꼬 강
노력하겠다.

회화 연습

A: Tuần sau, anh sẽ đi đâu?
뚜언 사우 아잉 새 띠 떠우

B: Tôi sẽ đi Mỹ.
또이 새 띠 미

A: Khi nào anh về?
키 나오 아잉 베

B: Tôi chưa biết.
또이 쯔어 비엗

A: 다음 주에 어디로 갈 거예요?

B: 미국에 갈 거예요.

A: 언제 돌아와요?

B: 아직 모르겠어요.

선생님 한마디

미래 시제임을 암시적으로 알려주는 '내일, 다음 주, 나중에' 등과 같은 표현에서는 'sẽ'가 생략될 수 있습니다.

새 단어

cố gắng v. 노력하다
tuần sau n. 다음 주
nghĩ v. 생각하다
được adj. 되다
về v. 돌아오다, 돌아가다
(원래 있던 목적지나 집으로)

응용 패턴

sẽ + 형용사 : ~될 것이다

Anh ấy sẽ trễ. 그는 늦을 것이다.
Tôi tin sẽ được. 될 거라고 믿는다.

곧 ~할 것이다
sắp ~
삽

패턴·회화 연습 듣기

🎧 MP3 047

'sắp'은 어떤 행위가 곧 일어나거나 진행될 경우, 그 동사 앞에 위치하며 '곧 ~할 것이다'라는 의미로 사용됩니다.
'sẽ' 보다 더 가까운 미래를 표시해주지만 'sẽ'와 같이 사용되지는 않습니다.

패턴 구조	sắp + 동사	곧 ~할 것이다

패턴 연습

Tôi sắp đi.
또이 삽 띠
내가 곧 갈 것이다.

Anh ấy sắp đến.
아잉 어이 삽 뗀
그가 곧 도착할 것이다.

Lan sắp tốt nghiệp.
란 삽 똗 응이엡
란 씨가 곧 졸업할 것이다.

Cuộc họp sắp kết thúc.
꾸억 헙 삽 껟 툽
회의가 곧 끝날 것이다.

회화 연습

A: Anh đang làm gì?
아잉 땅 람 찌

B: Tôi đang học tiếng Việt.
또이 땅 헙 띠엥 비엗

A: Tại sao?
따이 사오

B: Vì tôi sắp đi Việt Nam.
비 또이 삽 띠 비엗 남

A: 뭐하고 있어요?

B: 베트남어를 배우고 있어요.

A: 왜요?

B: 베트남에 곧 갈 거라서요.

선생님 한마디

'sắp'이 형용사와 결합 될 때에는 '어떤 상태가 곧 완성되다'라는 의미로, 아직 오지 않은 일이나 예정에 대한 상태를 나타냅니다.

새단어

tốt nghiệp v. 졸업하다
nghèo adj. 가난하다
chín adj. 익다

응용 패턴

sắp + 형용사 : 곧 ~될 것이다 / 거의 ~ 됐다

Tôi sắp nghèo.
나는 곧 가난해질 것이다.

Cơm sắp chín.
밥이 거의 다 됐다.

~하려고 하다/~할 예정이다

định ~
띵

패턴·회화 연습 듣기

🎧 MP3 048

어떤 일을 하려고 하거나 진행할 예정이 있을 때 'định'이라는 표현을 사용합니다. 이 표현은 주어가 사람이나 동물과 같이 감각이 있는 유정물일 때만 사용 가능합니다. 'định' 뒤에 'sẽ'를 넣어서 표현할 수도 있습니다.

패턴 구조

định ~   ~하려고 하다/~할 예정이다

패턴 연습

Tôi định nói.
또이 띵 너이
나는 말하려고 한다.

Em định ăn phở.
앰 띵 안 퍼
쌀국수를 먹으려고 한다.

Chị định làm gì?
찌 띵 람 찌
무엇을 하려고 하니?

Lan định đi Hàn Quốc.
란 띵 띠 한 꿕
란 씨가 한국에 가려고 한다.

회화 연습

A: Mẹ định đi đâu?
매   띵   띠   떠우

B: Mẹ định đi chợ.
매   띵   띠   쩌

A: Mẹ định mua gì?
매   띵   무어   찌

B: Mẹ định mua thịt.
매   띵   무어   틷

A: 엄마는 어디에 가려고 해요?

B: 시장에 가려고 해/장보러 가려고 해.

A: 무엇을 사려고 해요?

B: (엄마는) 고기를 사려고 해.

선생님 한마디

'định'과 같은 표현으로 'tính'이라는 표현을 대신 사용할 수도 있습니다.

🔊 Tôi tính đi Nha Trang.
나트랑에 가려고 해요.

새 단어

nói *v.* 말하다
chợ *n.* 시장
mua *v.* 사다
thịt *n.* 고기
đám cưới *v.* 결혼하다
năm *n.* 년, 해
khai trương *v.* 오픈하다
cửa hàng *n.* 매장, 가게

응용 패턴

dự định (sẽ)~ : ~할 예정이다

Chúng tôi dự định đám cưới.   우리는 결혼할 예정이다.

Năm 2018, tôi dự định sẽ khai trương cửa hàng.   2018년, 매장을 오픈할 예정이다.

Pattern 8

~한 적이 있다

từng ~

뜽

패턴·회화 연습 듣기

🎧 MP3 049

과거에 있었던 내용을 말하고 싶을 때 'từng'이라는 표현을 사용합니다. 과거의 '경험'을 나타낼 때는 'từng ~'을, 과거의 '직업'을 나타낼 때는 'từng là ~'로 표현합니다. 더 강조 하고 싶을 땐, '이미, 벌써'의 뜻을 가진 'đã'를 앞에 결합시켜 'đã từng(이미 ~한 적이 있다)'으로 표현합니다.

· 패턴 구조 ·

từng ~   ~한 적이 있다

từng là ~   ~인 적이 있다

· 패턴 연습 ·

Chúng tôi từng gặp.
쭘 또이 뜽 갑
우리는 만난 적이 있다.

Tôi từng đến đây.
또이 뜽 뗀 떠이
나는 여기에 온 적이 있다.

Cô ấy từng là giáo viên.
꼬 에이 뜽 라 짜우 비엔
그녀는 교사였던 적이 있다.

Mẹ tôi từng là bác sỹ.
매 또이 뜽 라 박 시
우리 어머니는 의사였던 적이 있다.

· 회화 연습 ·

A: Tôi từng học tiếng Việt.
또이 뜽 헙 띠엥 비엣

B: Tiếng Việt thế nào?
띠엥 비엣 테 나오

A: Rất khó.
럳 커

B: Lan cũng từng nói vậy.
란 꿈 뜽 너이 베이

A: 저는 베트남어를 배운 적이 있어요.

B: 베트남어는 어때요?

A: 아주 어려워요.

B: 란 씨도 그렇게 말한 적이 있어요.

· 선생님 한마디 ·

「từng là+명사/형용사」일 경우는 '~였던 적이 있다'라는 의미가 됩니다.

· 새 단어 ·

giáo viên n. 교사
bác sỹ (bác sĩ) n. 의사
khó adj. 어렵다
hiền adj. 착하다
mập (béo) adj. 뚱뚱하다

· 응용 패턴 ·

> **từng + 형용사** : ~였던 적이 있다

Cô ấy từng rất hiền.   그녀는 아주 착했었다.

Tôi đã từng rất mập.   나는 아주 뚱뚱했었다.

Pattern 9

~한 적이 없다

chưa từng ~
쯔어 뜽

'chưa từng'은 'từng'의 반대말로 '~한 적이 없다'라는 의미입니다. 'chưa từng là' 뒤에 명사가 위치할 경우에는 '~였던 적이 없다'라는 의미가 됩니다.

· 패턴 구조 ·

chưa từng ~	~한 적이 없다
chưa từng là + 명사	~였던 적이 없다

· 패턴 연습 ·

Tôi chưa từng nghe.
또이 쯔어 뜽 응애
내가 들은 적이 없다.

Tôi chưa từng xem phim đó.
또이 쯔어 뜽 쌤 핌 떠
저 영화를 본 적이 없다.

Cô ấy chưa từng là bạn gái tôi.
꼬 에이 쯔어 뜽 라 반 가이 또이
그녀는 내 여자친구였던 적이 없다.

Đây chưa từng là nhà tôi.
떼이 쯔어 뜽 라 냐 또이
여기는 우리 집이였던 적이 없다.

· 회화 연습 ·

A: Đây là gì?
떼이 라 찌

B: Đây là cháo gà.
떼이 라 짜오 가

A: Em chưa từng ăn cháo gà.
앰 쯔어 뜽 안 짜오 가

B: Ngon lắm.
응언 람

A: 이건 뭐예요?

B: 이것은 닭고기 죽이에요.

A: 저는 닭고기 죽을 먹은 적이 없어요.

B: 아주 맛있어요.

새 단어

bạn gái *n.* 여자친구
nhà *n.* 집
cháo *n.* 죽
gà *n.* 닭
ngon *adj.* 맛있다
vất vả *adj.* 고생하다

· 응용 패턴 ·

chưa từng + 형용사 : ~한 적이 없다

Tôi chưa từng vui. 나는 기뻐한 적이 없다.
Anh ấy chưa từng vất vả. 그는 고생한 적이 없다.

~한 적이 없다
chưa bao giờ ~
쯔어 바오 쩌

'chưa bao giờ'는 'chưa từng'과 비슷한 표현이지만 'chưa từng' 보다 조금 더 강한 표현입니다. 빈도 부사에서 배운 'không bao giờ(절대 ~하지 않다)'가 빈도에 따른 강한 부정이라면, 'chưa bao giờ'는 시제에 따른 부정형으로 서로 다른 의미입니다.

• 패턴 구조 •

Chưa bao giờ + (주어) + 동사   ~한 적이 없다

주어 + chưa bao giờ + 동사

• 패턴 연습 •

Chưa bao giờ **thích**.   좋아한 적이 없다.
쯔어 바오 쩌 틱

Chưa bao giờ **tôi nói dối**.   나는 거짓말을 한 적이 없다.
쯔어 바오 쩌 또이 너우 요이

Tôi chưa bao giờ **ăn phở**.   나는 쌀국수를 먹어 본 적이 없다.
또이 쯔어 바오 쩌 안 퍼

Tôi chưa bao giờ **đến Việt Nam**.   나는 베트남에 가 본 적이 없다.
또이 쯔어 바오 쩌 뗀 비엣 남

• 회화 연습 •

A: Em rất thích bánh xèo.
앰 럳 틱 바잉 쌔오

B: Anh chưa bao giờ ăn bánh xèo.
아잉 쯔어 바오 쩌 안 바잉 쌔오

A: Còn chả giò?
껀 짜 쩌

B: Anh cũng chưa bao giờ ăn chả giò.
아잉 꿍 쯔어 바오 쩌 안 짜 쩌

A: 저는 반세오를 아주 좋아해요.

B: 나는 반세오를 먹어 본 적이 없어.

A: 짜조는요?

B: 짜조도 먹어본 적이 없어.

• 선생님 한마디 •

'từng'과 마찬가지로 'chưa bao giờ'도 형용사와 결합할 수 있습니다.

• 새 단어 •

nói dối *v.* 거짓말하다
bánh xèo
n. 반세오(베트남 음식)
lười biếng *adj.* 게으르다

• 응용 패턴 •

Chưa bao giờ + (주어) + 형용사 : ~한 적이 없다
주어 + chưa bao giờ + 형용사

Chưa bao giờ tôi buồn.   나는 슬픈 적이 없다.

Cô ấy chưa bao giờ lười biếng.   그녀는 게으른 적이 없다.

'부정문'은 부정을 나타내는 문장으로 '안'과 '못' 등을 사용하여 '그렇지 않음'을 나타내는 문장을 말합니다. 베트남어의 부정형은 총 3가지로 '명사, 형용사, 동사'의 부정형으로 나누어집니다. 그중 가장 많이 쓰이는 부정문을 학습해 보세요.

7장

부정문

~이 아니다

không phải là ~
콤 파이 라

패턴·회화 연습 듣기

🎧 MP3 052

'không phải là'는 어떤 '명사'를 부정하고 싶을 때 표현됩니다. 'là(이다)' 앞에 'không phải'를 결합시켜 '~이 아니다'라는 의미를 나타냅니다.

· 패턴 구조 · không phải là ~   ~이 아니다

· 패턴 연습 ·

Không phải là **tôi.**
콤　　　파이 라 또이

내가 아니다.

Không phải là **chỗ này.**
콤　　　파이 라 쪼 나이

여기가 아니에요.

Cô ấy không phải là **giáo viên.**
꼬 에이 콤　　파이 라 짜오 비엔

그녀는 선생님이 아니다.

Đây không phải là **công ty của tôi.**
떼이 콤　　파이 라 꼼 띠 꾸어 또이

여기는 우리 회사가 아니다.

· 회화 연습 ·

A: **Minho** không phải là **người Việt Nam.**
민호　　　콤　파이 라 응어이 비엔 남

B: **Thật à?**
텉 아

A: **Vâng.**
벙

B: **Nhưng anh ấy biết tiếng Việt.**
능　　아잉 에이 비엔 띠엠 비엔

A: 민호 씨는 베트남 사람이 아니에요.

B: 진짜요?

A: 네.

B: 하지만, 그는 베트남어를 알아요.

· 선생님 한마디 ·

'không phải' 앞에 주어가 오면 'không phải' 뒤에 'là'가 위치해야 합니다. 그러나 'là'는 생략이 가능합니다.

예 Không phải **tôi.**
내가 아니다.

· 응용 패턴 ·

Không phải ~ : ~ 아니에요

Không phải **anh ấy.**　　　그가 아니에요.

Không phải **tôi nói.**　　　내가 말한 것이 아니에요.

~지 않다

không ~

콤

패턴·회화 연습 듣기

🎧 MP3 053

'không'은 어떤 '상태나 행동'을 부정하고 싶을 때 표현됩니다.

주의 'không'은 숫자 '0', '아니, 아니요'의 의미도 있으므로 문맥에 따라 그 의미가 조금씩 달라집니다.

패턴 구조	không ~	~지 않다
패턴 연습	Không đẹp. 콤　　땝	예쁘지 않다.
	Không ngon. 콤　　응언	맛있지 않다.
	Tôi không biết. 또이　콤　비엘	나는 알고 있지 않다/나는 모른다.
	Cô ấy không thích tôi. 꼬 에이　콤　틱 또이	그녀는 나를 좋아하지 않는다.

회화 연습

A: Khi nào anh đi Việt Nam?
　　키　나오 아잉 띠 비엘　남

B: Anh sẽ không đi Việt Nam.
　　아잉 새　콤　띠 비엘　남

A: Sao vậy?
　　사오 베이

B: Vì anh rất bận.
　　비 아잉 럿 번

A: 베트남에 언제 가요?

B: 베트남에 가지 않을 거예요.

A: 왜 그래요?

B: 아주 바빠서요.

선생님 한마디

'không'은 언제나 '동사'나 '형용사'와 붙어 있으므로 시제를 나타낼 경우, 시제는 'không' 앞에 와야 합니다.

새단어

tiền　n. 돈
người yêu　n. 애인

응용 패턴

> Không có ~ : ~이 없다

Không có tiền.　　　　　돈이 없다.

Tôi không có người yêu.　나는 애인이 없다.

~하지 않다

chẳng ~
짱

'chẳng'은 'không'과 마찬가지로 동사나 형용사 앞에 위치하며 부정의 의미를 가지지만, 'không' 보다 강한 부정을 나타냅니다. 이 표현은 노래의 제목과 속담 등에서도 많이 사용됩니다.

패턴 구조	(주어) + chẳng + 동사/형용사	~하지 않다

패턴 연습

Chẳng có lý do.
짱   꺼 리 여

이유가 없다.

Món này chẳng cay.
먼   나이 짱   까이

이 음식은 맵지 않다.

Tôi chẳng thích cô ấy.
또이   짱   틱   꼬 에이

나는 그녀를 좋아하지 않는다.

회화 연습

A: Áo này đẹp quá!
   아오 나이 땝 과

B: Chẳng đẹp.
   짱   땝

A: Tại sao?
   따이 사오

B: Em không thích màu hồng.
   앰   콤   틱   마우 홈

A: 이 옷이 예쁘다!

B: 안 예쁜데.

A: 왜?

B: 나는 분홍색을 안 좋아해.

선생님 한마디

'chẳng'이 동사나 형용사와 결합하면 '~하지 않다'라는 의미가 되지만, 명사와 결합하면 '~이 없다'라는 의미가 됩니다.

새단어

lý do n. 이유
cay adj. 맵다

응용 패턴

Chẳng ai + 동사/형용사 : 아무도 ~하지 않다

Chẳng ai đến.   아무도 오지 않는다.

Chẳng ai vui.   아무도 기쁘지 않다./기쁜 사람이 없다.

~지 못하다

không ~ được
콤   뜨억

패턴·회화 연습 듣기

🎧 MP3 055

어떤 이유로 인해 어떤 행동을 진행하지 못할 때 'không ~ được'이라는 표현을 사용합니다. 이 구조는 형용사와도 결합할 수 있으며 때로는 '~ㄹ 수 없다'의 의미로 해석되기도 합니다.

패턴 구조

không + 동사/형용사 + được   ~지 못하다

패턴 연습

Không đi được.
콤   띠 뜨억   가지 못한다.

Tôi không ăn được.
또이 콤 안 뜨억   나는 먹지 못한다.

Lan không nói được tiếng Hàn.
란   콤   너이 뜨억   띠엥   한   란 씨는 한국말을 하지 못한다.

Không hiền được.
콤   히엔 뜨억   착하지 못하다.

회화 연습

A: Ngày mai là sinh nhật em.
응아이 마이 라 싱 년 앰

B: Xin lỗi. Anh không đi được.
씬 로이 아잉 콤 띠 뜨억

A: Sao vậy?
사오 베이

B: Vì tối nay anh đi Việt Nam.
비 또이 나이 아잉 띠 비엣 남

A: 내일은 제 생일이에요.
B: 죄송해요. 저는 못 가요.
A: 왜 그래요?
B: 오늘 저녁에 베트남에 가기 때문이에요.

선생님 한마디

「không+동사/형용사+được」과 「동사/형용사+không được」의 두 패턴 모두 '~하지 못하다'로 같은 의미를 가집니다.

새단어

ngày mai *n.* 내일
sinh nhật *n.* 생일
tối nay *n.* 오늘 저녁
xin lỗi *v.* 죄송하다, 미안하다, 사과하다

응용 패턴

동사/형용사 + không được : ~지 못하다

Ăn không được.   먹지 못한다.
Tôi uống cà phê không được.   나는 커피를 마시지 못한다.

베트남어에는 질문의 종류도 여러 가지가 있습니다. 질문을 할 때 현재 진행되고 있는 행동에 대해 물어보는 것인지, 과거에 한 것에 대해 물어보는 것인지에 따라 의문문의 형식이 달라지기 때문입니다. 그중 가장 많이 사용되는 의문문을 학습해 보세요.

- 판정 의문문 : 상대편에게 '네/아니요'의 대답을 요구하는 의문문
- 확인 의문문 : 어떤 사실을 알고 그것을 확인하는 의문문
- 선택 의문문 : 2가지 이상의 표현에서 상대방의 선택을 묻는 의문문

8장

의문문

~이 있니?
có ~ không?
꺼 콤

패턴·회화 연습 듣기

🎧 MP3 056

'có ~ không?'은 어떤 사물, 사건이나 물건이 존재하는지, 또는 어떤 사람이 그것을 소유하고 있는지에 대해 물어볼 때 사용하는 '판정 의문문'으로 'có'와 'không' 사이에 '명사'가 위치할 때 '~이 있니?'라는 의미로 표현됩니다. 'có' 는 '있다', 'không'은 '없다'의 뜻을 가집니다.

패턴 구조	
có + 명사 + không?	~ 이 있니?

패턴 연습

Có tiền không? 꺼 띠엔 콤	돈이 있니?
Anh có sách không? 아잉 꺼 사익 콤	책이 있니?
Chị có sách tiếng Hàn không? 찌 꺼 사익 띠엥 한 콤	한국어 책이 있니?
Ở đây có bánh mì không? 어 떼이 꺼 바잉 미 콤	여기에 빵이 있니?

· 회화 연습 ·

A: Chị có sách tiếng Việt không?
　 찌 꺼 사익 띠엥 비엣 콤

B: Không, tôi không có.
　 콤 　 또이 콤 꺼

A: Vậy, chị có từ điển không?
　 버이 찌 꺼 뜨 띠엔 콤

B: Có, tôi có.
　 꺼 또이 꺼

A: 베트남어 책 있어요?

B: 아니요, 전 없어요.

A: 그럼, 사전 있어요?

B: 네, 있어요.

선생님 한마디

'có nhà không?'이라는 표현은 '집에 있니?'라는 의미를 가지지 만 '실제로 집에 있니?'라는 의미 로 쓰이기도 합니다. 이것은 'có ở nhà không?'이라는 말이 빨리 발 음되면서 형성된 축약 현상입니다.

새단어

bánh mì *n.* 빵(바게트, 식빵 등)

· 응용 패턴 ·

~ có ~ không? : ~이 ~에 있니?

Minho có ở đây không?　　　민호가 여기에 있니?

Giám đốc có ở công ty không?　사장님이 회사에 있니?

Pattern 2

~이에요?
có phải là ~ không?
꺼   파이 라   콤

패턴·회화 연습 듣기

🎧 MP3 057

'có ~ không?'이 동사나 형용사와 결합해서 어떤 사물 또는 소유의 유/무를 묻는 표현이라면, 'có phải là ~ không?' 은 '명사'와 결합해서 그 명사가 맞는지 물어보는 패턴의 표현입니다.

· 패턴 구조 · (주어) + có phải là + 명사 + không? 　　~이에요?

· 패턴 연습 ·

Có phải là **cái này** không? 　　이것이에요?
꺼 파이 라 까이 나이 콤

Anh có phải là **Minho** không? 　　당신은 민호 씨예요?
아잉 꺼 파이 라 민호 콤

Sách này có phải là **sách tiếng Việt** không? 　　이 책은 베트남어 책이에요?
사익 나이 꺼 파이 라 사익 띠엥 비엣 콤

· 회화 연습 ·

A: Chị có phải là người Hàn Quốc không?
　 찌 꺼 파이 라 응어이 한 궉 콤

B: Em không phải là người Hàn Quốc.
　 앰   콤 파이 라 응어이 한 궉

A: À, xin lỗi chị.
　 아 씬 로이 찌

B: Không sao.
　 콤   사오

A: (언니/누나는) 한국 분이세요?

B: 저는 한국 사람이 아니에요.

A: 아, 죄송합니다.

B: 괜찮아요.

· 선생님 한마디 ·

'có phải là ~ không?'은 구어체로 보통 'phải ~ không?'으로 줄여서 사용하기도 합니다.

· 새 단어 ·

không sao *adj.* 괜찮다

· 응용 패턴 ·

Phải ~ không? : ~이에요?/~ 맞아요?

Phải cái này không? 　　이것이에요?/이것은 맞아요?
Phải anh ấy không? 　　그 남자예요?/그는 맞아요?

~하니?
(có) ~ không?
꺼 콤

패턴·회화 연습 듣기

🎧 MP3 058

'có ~ không?'이 동사나 형용사와 결합해서 '대상이 그 행동을 진행하는지, 그 상태를 가지는지'에 대해 물을 때 사용하는 '판정 의문문'으로 '~하니?'의 의미로 표현됩니다. 또한, 대답할 때 동사나 형용사를 반복해서 사용하는 경향이 있습니다.

· 패턴 구조 · (có) + 동사/형용사 + không? ~ 하니?

· 패턴 연습 ·

Có ăn không? — 먹니?
꺼 안 콤

Anh có ăn cơm không? — 밥을 먹니?
아잉 꺼 안 껌 콤

Đẹp không? — 예쁘니?
땝 콤

Cái này đẹp không? — 이것이 예쁘니?
까이 나이 땝 콤

· 회화 연습 ·

A: Anh có biết tiếng Việt không?
아잉 꺼 비엗 띠엥 비엗 콤
B: Có. Tôi biết tiếng Việt.
꺼 또이 비엗 띠엥 비엗
A: Tiếng Việt có khó không?
띠엥 비엗 꺼 커 콤
B: Rất khó.
럳 커

A: 베트남어를 알아요?
B: 네. 베트남어를 알아요.
A: 베트남어가 어려워요?
B: 아주 어려워요.

· 선생님 한마디 ·
'có ~ không'이 '동사/형용사'와 결합할 때 'có'는 생략이 가능하지만, '명사'와 결합할 때는 불가능하므로 주의하세요.

· 응용 패턴 ·

~ (có) được không? : ~은 되니?

Cái này có được không? — 이것은 되니?
Cái kia có được không? — 저것은 되니?

Pattern 4

~했니?

(đã) ~ chưa?
따   쯔어

패턴·회화 연습 듣기

🎧 MP3 059

'(đã) ~ chưa?'는 과거의 행동 유/무를 확인하고 싶을 때 사용하는 '판정 의문문'입니다. 'chưa(아직)'는 과거에 대한 질문을 할 때 무조건 쓰이지 않고 어떤 일을 했는지 아직 안 했는지 확인할 때만 사용할 수 있습니다. 그러므로, 이미 존재했던 것에 대해 재 확인할 때는 사용할 수 없습니다. (예) 그 사람을 사랑했어요? (×))

· 패턴 구조 ·

(đã) ~ chưa?	~했니?
답변 패턴 : chưa ~	아직 ~하지 않았다
~ rồi	~했다

· 패턴 연습 ·

Anh ăn phở chưa?
아잉 안 퍼 쯔어
쌀국수를 먹었니?

Em biết chưa?
앰 비엗 쯔어
알았니?

Cô ấy đến chưa?
꼬 에이 뗀 쯔어
그 선생님이 왔니?

Em xem phim chưa?
앰 쌤 핌 쯔어
영화를 봤니?

· 회화 연습 ·

A: Anh tan ca chưa?
아잉 딴 까 쯔어

B: Chưa. Anh đang họp.
쯔어 아잉 땅 헙

A: 퇴근했어요?
B: 아직. 회의 중이야.

A: Anh ăn gì chưa?
아잉 안 찌 쯔어

B: Anh ăn mì rồi.
아잉 안 미 로이

A: 무엇 좀 먹었어요?
B: 라면 먹었어.

· 선생님 한마디 ·

'(đã) ~ chưa?(~했니)'의 답변으로 'chưa ~(아직 ~하지 않았다), ~ rồi(~했다)'의 패턴으로 답변을 할 수 있습니다.

· 새 단어 ·

tan ca *v.* 퇴근하다
mì *n.* ~라면, ~면

· 응용 패턴 ·

의문사 + chưa? : 의문사 ~했니?

Đi đâu chưa?   어디 좀 갔니?

Gặp ai chưa?   누구 좀 만났니?

~ 맞지?

~ đúng không?
뚬   콤

패턴·회화 연습 듣기

🎧 MP3 060

'đúng không'은 어떤 사실을 알고 그것을 확인하는 '확인 의문문'입니다. 'đúng không' 앞에 '자신이 알고 있는 사실'을 제시함으로써, 그 사실의 옳고 그름을 재차 확인하는 질문으로, 답변으로는 '네/아니요' 형식의 평서문 형태를 가지게 됩니다.

· 패턴 구조 ·	~ đúng không?	~ 맞지?/맞죠?

· 패턴 연습 ·

Cái này đúng không?
까이 나이 뚬   콤

이거 맞지?

Em không biết, đúng không?
앰 콤 비엗 뚬   콤

너는 모르는 거, 맞지?

Đến chỗ này, đúng không?
뗀 쪼 나이 뚬   콤

이곳으로 가는 거, 맞지?

Anh là người Việt Nam, đúng không?
아잉 라 응어이 비엗 남 뚬   콤

당신은 베트남 사람, 맞지?

· 회화 연습 ·

A: **Đây là công ty ABC, đúng không?**
떼이 라 꼼 띠 아베세 뚬   콤

B: **Dạ, đúng.**
야   뚬

A: **Anh Minho có ở đây không?**
아잉 민호 꺼 어 떼이 콤

B: **Anh chờ một chút.**
아잉 쩌 몯 쭏

A: 여기는 ABC회사, 맞죠?

B: 네, 맞아요.

A: 민호 씨가 여기에 있어요?

B: 잠깐만 기다리세요.

새 단어

đúng adj. 맞다
chờ v. 기다리다
sự thật n. 사실
phải adj. 옳다, 올바르다

· 응용 패턴 ·

~ phải không? : ~ 맞지?/맞죠?

Chị là Lan, phải không?   당신이 란 씨, 맞죠?

Đây không phải là sự thật, phải không?   이것은 사실이 아니야, 맞죠?

Pattern 6

~하니? ~하니?

~ hay ~?

하이

패턴·회화 연습 듣기

🎧 MP3 061

'hay'는 2가지 이상의 표현에서 상대방의 선택을 묻는 '선택 의문문'입니다. 두 표현 사이에 'hay'가 위치함으로써 두 표현을 연결하는 역할을 합니다. 이때, 두 선택이 각각 다른 것일 수도 있고 서로 대조적인 것일 수도 있습니다.

패턴 구조

~ hay ~?   ~하니? ~하니?

là ~ hay là ~?   ~이니? ~이니?

패턴 연습

Đẹp hay xấu?
땝   하이 써우
예쁘니? 못생겼니?

Đi Việt Nam hay đi Hàn Quốc?
디 비엣 남 하이 디 한 꿕
베트남에 가니? 한국에 가니?

Là học sinh hay là bác sĩ?
라 헙 싱 하이 라 박 시
학생이니? 의사이니?

Đây là nhà hay là công ty?
떠이 라 냐 하이 라 꼼 띠
여기가 집이니? 회사니?

회화 연습

A: Anh uống cà phê hay uống trà?
아잉 우엉 까 페 하이 우엉 짜

B: Dạ, cà phê.
야 까 페

A: Cà phê đen hay cà phê sữa?
까 페 땐 하이 까 페 스어

B: Cái nào cũng được.
까이 나오 꿈 뜨억

A: 커피 드실래요? 차 드실래요?

B: 커피요.

A: 블랙커피요? 밀크커피요?

B: 아무거나 상관없어요.

선생님 한마디

2가지의 선택이 나올 때, 서로가 대조적인 의미를 가지고 있다면 'hay không'이라는 패턴으로 질문합니다.

새 단어

xấu *adj.* 못생겼다
trà *n.* 차
cà phê đen *n.* 블랙커피
cà phê sữa *n.* 밀크커피,
연유커피

응용 패턴

~ hay không ~? : ~하니? 안 ~하니?

Ăn hay không ăn?   먹니? 안 먹니?
Đi hay không đi?   가니? 안 가니?

'명령문과 청유문'은 무엇을 시키거나 행동을 요구할 때 사용하는 표현입니다. 가장 많이 사용되는 명령문의 패턴 표현을 학습해 보세요.

9장

명령문
청유문

~해라

~ đi

띠

패턴·회화 연습 듣기

🎧 MP3 062

'~ đi'는 친구나 친한 사람에게 명령 또는 요청하고 싶을 때 사용하는 표현입니다. '이다'와 형용사는 명령문으로 사용할 수 없으므로, 이 표현은 동사와만 결합할 수 있습니다. 동사가 'đi' 앞에 오면서 '~해라'의 의미를 가집니다.

| 패턴 구조 | 동사 + đi | ~해라 |

패턴 연습

Ăn đi.
안 띠

먹어라.

Đi đi.
띠 띠

가라.

Anh nói đi.
아잉 너이 띠

말해라.

Chị nghe bài hát này đi.
찌 응애 바이 핱 나이 띠

이 노래를 들어라.

회화 연습

A: Em ăn cơm chưa?
   앰 안 껌 쯔어

B: Dạ, chưa.
   야 쯔어

A: Em ăn cái này đi.
   앰 안 까이 나이 띠

B: Dạ, cảm ơn anh.
   야 깜 언 아잉

A: 밥 먹었어요?

B: 네, 아직이요.

A: 이거 먹어요.

B: 네, 감사합니다.

선생님 한마디

'~ đi'는 일반 대화에서 많이 쓰이는 표현이지만 공식적인 표현으로 쓰이지는 않습니다. 경우에 따라서 '같이 ~하자'라는 '청유문'으로 사용되므로, 반말이 아닙니다.

응용 패턴

~ đi : ~하자

Mình ăn món này đi.
우리가 이 음식을 먹자.

Xem phim này đi.
이 영화를 보자.

Pattern 2

~하세요

Hãy ~
하이

패턴·회화 연습 듣기

🎧 MP3 063

'Hãy ~'는 '~ đi' 보다 격식적인 표현으로 문어체나 공식 문서 및 공공장소에서 많이 사용되며, 베트남의 노래 가사에 많이 사용되기도 합니다.

패턴 구조	Hãy ~	~하세요

패턴 연습		
	Hãy đi thẳng. 하이 띠 탕	직진하세요.
	Hãy cố gắng. 하이 꼬 강	노력하세요.
	Hãy suy nghĩ kỹ. 하이 쉬 응이 끼	잘 생각하세요.
	Hãy nói bằng tiếng Việt. 하이 너이 방 띠엥 비엗	베트남어로 하세요.

회화 연습

A: **Em đang suy nghĩ.**
앰 땅 쉬 응이

B: **Em nghĩ gì?**
앰 응이 찌

A: **Em định nghỉ việc.**
앰 띵 응이 비엑

B: **Hãy suy nghĩ kĩ.**
하이 쉬 응이 끼

A: 나는 생각하고 있어요.

B: 무슨 생각을 해요?

A: 일을 그만두려고요.

B: 잘 생각하세요.

선생님 한마디

'hãy ~'는 '~ đi'와 결합해서 'đi'를 강조할 수 있습니다. 하지만, 이 경우는 공식적인 표현으로는 쓰이지 않습니다.

예 **Anh** hãy **nói** đi.
말하세요 / 말해요.

새단어

đi thẳng *v.* 직진하다
cố gắng *v.* 노력하다
suy nghĩ *v.* 생각하다
kĩ *adv.* 잘, 꼼꼼히
nghỉ việc *v.* 일을 그만두다
im lặng *adj. / v.* 조용하다
chú ý *n. / v.* 주의 / 주의하다

응용 패턴

Xin hãy ~ : ~하십시오

Xin hãy im lặng. 조용히 하십시오.
Xin hãy chú ý. 주의하십시오.

~하지 마세요

đừng ~

뜽

패턴·회화 연습 듣기

🎧 MP3 064

상대방에게 어떤 행위를 하지 말라고 하고 싶을 때, 동사 앞에 'đừng'을 넣어서 '~하지 마세요'의 의미로 표현합니다. 이 표현은 반말이 아니므로 거의 모든 상황에서 사용 가능합니다.

· 패턴 구조 · đừng + 동사 ~하지 마세요

· 패턴 연습 ·

Đừng đi.
뜽   띠

가지 마세요.

Đừng quên tôi.
뜽   궨 또이

나를 잊지 마세요.

Anh đừng ăn.
아잉 뜽   안

먹지 마세요.

Chị đừng xem phim đó.
찌   뜽   쌤   핌   더

저 영화를 보지 마세요.

· 회화 연습 ·

A: Em định ăn mì gói.
   앰   띵 안 미 거이

B: Đừng ăn mì gói.
   뜽   안 미 거이

A: Vậy, mình ăn gì?
   베이 미잉 안 찌

B: Ăn phở đi.
   안 퍼 띠

A: 난 라면을 먹으려고 해요.

B: 라면을 먹지 마세요.

A: 그러면, 우리는 무엇을 먹어요?

B: 쌀국수를 먹어요.

· 선생님 한마디 ·

격식적인 분위기나 공공 장소에서는 'đừng' 대신에 '(Xin) vui lòng không ~'이라는 표현을 사용합니다.

· 새단어 ·

quên v. 잊다
mì gói (mì tôm) n. 라면
hút thuốc v. 담배를 피우다
làm ồn v. 떠들다

· 응용 패턴 ·

(Xin) vui lòng không ~ : ~하지 말아 주십시오

Vui lòng không hút thuốc.   담배를 피우지 말아 주십시오.

Xin vui lòng không làm ồn.   떠들지 말아 주십시오.

Pattern 4

~할까요?

~ nha?

냐

패턴·회화 연습 듣기

🎧 MP3 065

어떤 사람에게 무엇을 같이 하자고 할 때 '~ nha'라는 표현을 사용합니다. '~할까요?'라는 뜻을 가진 'nha'는 명령의 의미보다 청유의 의미에 가깝습니다. 북부 지방에서는 'nha' 대신 'nhé'라는 표현도 많이 사용합니다. 둘 다 같은 의미를 가집니다.

패턴 구조

~ nha?   ~할까요?

패턴 연습

Ngày mai gặp nha?   내일 만날까요?
응아이 마이 갑 냐

Uống cà phê nha?   커피를 마실까요?
우엉 까 페 냐

Chúng ta xem phim này nha?   우리가 이 영화를 볼까요?
쭘 따 쌤 핌 나이 냐

Chúng ta nói bằng tiếng Việt nha?   우리가 베트남어로 말할까요?
쭘 따 너이 방 띠엥 비엣 냐

회화 연습

A: Cuối tuần em có thời gian không?
꾸어이 뚜언 앰 꺼 터이 쟌 콤

B: Dạ, có.
야 꺼

A: Mình xem phim nha?
미잉 쌤 핌 냐

B: Dạ, được.
야 뜨억

A: 주말에 시간 있어요?

B: 네, 있어요.

A: 우리 같이 영화 볼까요?

B: 네, 좋아요.

선생님 한 마디

경우에 따라 자신이 무엇을 하겠다고 상대방에게 알려줄 때, 'nha'를 사용하기도 합니다.

예) Anh đi nha.
나 간다/나 갈게.

새 단어

cuối tuần *n.* 주말
thời gian *n.* 시간
được *adj.* 되다

응용 패턴

~ nhé : ~할까요?

Ăn phở nhé?   쌀국수를 먹을까요?

Chúng ta đi Hàn Quốc nhé?   우리가 한국에 갈까요?

3 단계

긴 문장
익히기

베트남어에서 피동법은 '~당하다'의 '부정적 피동법'과 '~아/
어지다'의 '긍정적 피동법'으로 나뉩니다. 2가지의 피동법을 학
습해 보세요.

• **피동과 피동사** : 주체가 다른 힘에 의하여 움직이는 '동사의 성질'을 '피동'
이라 하고, 그로 인해 행하여지는 동작을 나타내는 동사를 '피동사'라 한다.
㉠ 피동사 : 보이다, 물리다, 잡히다, 안기다, 업히다

10장

'피동'과
'긍정 / 부정'의 태도

Pattern 1

~ 당하다

bị ~
비

패턴·회화 연습 듣기

🎧 MP3 066

'bị'는 안 좋은 일을 당했을 때 동사 앞에 위치함으로써 '부정적 피동'의 표현을 나타냅니다.

주의 'bị'는 동사와 결합할 때만 피동의 표현이 만들어지며, 피동의 의미를 나타낼 때 'bị'는 생략되면 안 됩니다.

패턴 구조 bị + 동사	~ 당하다

패턴 연습

Bị đánh.
비 　따잉
때림을 당한다.

Bị đá.
비 　따
차였다.

Tôi bị đánh.
또이 비 　따잉
내가 때림을 당했다.

Anh ấy bị đá.
아잉 에이 비 　따
그는 차였다.

회화 연습

A: Tại sao Minho buồn?
　　따이 사오 　민호 　부언

B: Anh ấy bị la.
　　아잉 에이 비 라

A: Ai la?
　　아이 라

B: Giám đốc.
　　짬 　　똡

A: 민호는 왜 슬퍼하나요?

B: 그는 야단을 맞았어요.

A: 누가 야단을 쳤어요?

B: 사장님이요.

선생님 한마디

'bị'는 뒤에 오는 동사가 부정적인 의미를 가져야만 피동문이 성립됩니다.

새단어

la (mắng) v. 야단치다

응용 패턴

bị + 사람 + 동사 : 사람에 의해서 ~ 당했다

Tôi bị mẹ la.
나는 어머니에게 야단을 맞았다.

Anh ấy bị bạn gái đá.
그는 여자친구에게 차였다.

~되었다/~ 얻었다

được ~
뜨억

패턴·회화 연습 듣기

🎧 MP3 067

'được'은 누구에게 무엇을 받았을 때나 누구에 의해서 어떻게 되었을 때, 동사 앞에 위치함으로써 '~되었다/~ 얻었다'는 의미로 '긍정적 피동'의 표현을 나타냅니다.

주의 피동의 의미를 나타낼 때 'được'은 생략되면 안 됩니다.

패턴 구조 · được + 동사 | ~되었다/~ 얻었다

패턴 연습 ·

Được khen.
뜨억 캔 | 칭찬을 받았다.

Được yêu.
뜨억 이우 | 사랑을 받았다.

Tôi được tặng quà.
또이 뜨억 땅 과 | 내가 선물을 받았다.

Anh ấy được thăng chức.
아잉 에이 뜨억 탕 쯕 | 그가 승진되었다.

· 회화 연습 ·

A: Sao Lan vui vậy?
사오 란 부이 베이

B: Cô ấy được tặng quà.
꼬 에이 뜨억 땅 과

A: Vậy à? Quà gì?
베이 아 과 찌

B: Hoa.
화

A: 란 씨는 왜 그렇게 기뻐해요?
B: 그녀는 선물을 받았어요.
A: 그래요? 무슨 선물이에요?
B: 꽃이에요.

선생님 한마디

'được'은 긍정적이지도 부정적이지도 않은 경우에 사용됩니다.
예) được mua. 팔리다.

새 단어

khen *v.* 칭찬하다
yêu *v.* 사랑하다
tặng quà *v.* 선물하다
quà *n.* 선물
thăng chức *v.* 승진하다
vui *adj.* 기쁘다
hoa *n.* 꽃
bạn trai *n.* 남자친구

· 응용 패턴 ·

được + 사람 + 동사 : 사람에 의해서 ~을 받았다

Lan được cô giáo khen. | 란 씨가 선생님에게 칭찬을 받았다.
Tôi được bạn trai tặng quà. | 내가 남자친구에게 선물을 받았다.

부정적인 행위/상태

bị ~
비

패턴·회화 연습 듣기

🎧 MP3 068

'bị'가 형용사와 결합할 경우, '동작이나 상태가 좋지 않다'는 의미의 '부정적인 행위/상태'를 나타냅니다. 이때는 피동이 아니며, 문장 안에서 해석되지 않고 생략도 가능합니다. 'bị'는 보통, '동사'보다 '형용사'가 많이 오며, 한국에서는 생소한 경우지만 베트남에서는 가장 많이 쓰는 표현 중 하나입니다.

· 패턴 구조 ·	bị + 형용사	부정적인 행위/상태

· 패턴 연습 ·

bị đau
비 따우
아프다

bị mệt
비 멛
피곤하다

Tôi bị đau bụng.
또이 비 따우 붐
나는 배가 아프다.

Minho bị mệt.
민호 비 멛
민호는 피곤하다.

· 회화 연습 ·

A: Sao em không ăn?
사오 앰 콤 안

B: Em bị đau bụng.
앰 비 따우 붐

A: Em uống thuốc chưa?
앰 우엉 투억 쯔어

B: Dạ chưa.
야 쯔어

A: 왜 안 먹어요?

B: 배가 아파서요.

A: 약 먹었어요?

B: 아직이요.

선생님 한마디

* bị + 동사
의미에 따라 '부정적 피동문'이 아닌, 단순한 '부정적 행위/상태'만을 나타내기도 합니다. 이때는 피동문이 아니므로, bị는 형용사와 결합했을 때와 마찬가지로 문장 안에서 해석되지 않고 생략도 가능합니다.

새 단어

đau *adj.* 아프다
bụng *n.* 배
thuốc *n.* 약
té (ngã) *v.* 넘어지다
điện thoại *n.* 전화기
rơi *v.* 떨어지다

· 응용 패턴 ·

bị + 동사

Tôi bị té.
나는 넘어진다.

Điện thoại bị rơi.
전화기가 떨어진다.

긍정적인 행위/상태

được ~
뜨억

패턴·회화 연습 듣기

🎧 MP3 069

'được'은 동사와 결합할 때, 그 동사가 '받다, 얻다'의 의미를 가진 '긍정적 피동문'이 아닌, 단순히 '바랐던 것을 할 수 있게 되었다'는 의미의 '긍정적 행위/상태'만을 나타내기도 합니다. 이때는 피동이 아니며, 문장 안에서 해석되지 않고 생략도 가능합니다. 그러나 생략하지 않는 것이 문장에서 주어의 '긍정적 행위/상태'를 더 뚜렷하게 나타내 줍니다.

· 패턴 구조 ·	được + 동사	긍정적인 행위/상태

· 패턴 연습 ·

Được đi Hàn Quốc.
뜨억 띠 한 꿕

한국에 가게 됐다.

Được ăn ngon.
뜨억 안 응언

맛있게 먹는다.

Tôi đã được đi Hàn Quốc.
또이 따 뜨억 띠 한 꿕

나는 한국에 갔다.

Tôi đã được ăn bún chả.
또이 따 뜨억 안 분 짜

나는 분짜를 먹었다.

· 회화 연습 ·

A: Hôm nay chúng ta sẽ được ăn gỏi cuốn.
홈 나이 쭘 따 새 뜨억 안 거이 꾸언

B: Ồ! Ai làm?
오 아이 람

A: Lan sẽ làm.
란 새 람

B: Cảm ơn, Lan!
깜 언 란

A: 오늘 우리는 월남쌈을 먹을 거예요.

B: 오! 누가 만들어요?

A: 란 씨가 할 거예요.

B: 란 씨, 고마워요!

· 선생님 한마디 ·

* được + 형용사
được은 '형용사'보다 '동사'와 결합될 때가 더 많지만, 형용사와 결합될 경우도 동사와 같은 의미를 지니며, được은 생략 가능합니다.

· 새단어 ·

ngon *adj.* 맛있다
ồ! 오! (감탄사)
hạnh phúc *adj.* 행복하다
khỏe mạnh *adj.* 건강하다

· 응용 패턴 ·

được + 형용사

Được hạnh phúc. 행복하다.

Bố mẹ được khỏe mạnh. 부모님이 건강하다.

어떤 대상들을 비교하거나 그 성질의 상태 정도를 얘기할 때 많이 사용하게 되는 것이 '비교'입니다. 비교법은 크게 대등 급(so sánh bằng), 비교급(so sánh hơn), 최상급(so sánh nhất)으로 나뉘는데, 그중 가장 많이 사용되는 표현들을 학습 해 보세요.

11장

비교

~처럼 ~

~ như ~

느

패턴·회화 연습 듣기

🎧 MP3 070

'như'는 형용사인 '같다'와 보조사인 '처럼'의 의미를 가진 단어입니다. '~이 ~처럼 어떤 행동을 하거나 어떤 상태를 가진다'는 표현을 나타내고 싶을때, 그 동사 또는 형용사 뒤에 '~처럼'의 의미를 가진 'như'를 넣어서 표현합니다.

패턴 구조 동사/형용사 + như ~   ~처럼 ~

패턴 연습

Cao như Minho.
까오 느 민호   민호처럼 키가 크다.

Xinh như hoa.
씽 느 화   꽃처럼 예쁘다.

Làm như anh ấy.
람 느 아잉 에이   그처럼 한다.

Lan nói như người Hàn.
란 너이 느 응어이 한   란 씨가 한국 사람처럼 말한다.

회화 연습

A: Chị ấy là ca sĩ, phải không?
찌 에이 라 까 시 파이 콤

B: Không phải.
콤 파이

A: Chị ấy hát như ca sĩ.
찌 에이 핫 느 까 시

B: Vậy à?
베이 아

A: 저 언니는 가수죠, 맞죠?

B: 아니에요.

A: 저 언니는 가수처럼 노래하네요.

B: 그래요?

선생님 한마디

1. 'như' 앞에 '형용사'가 아닌 '명사'가 오면 như 앞과 뒤에 오는 '명사'가 같다는 의미가 됩니다.

🗨 Anh ấy như tôi.
그는 나와 같다.

2. 'A가 B처럼 어떤 상태를 가지거나 어떤 행동을 할 때 「A 동사/형용사 như B」의 구조를 사용할 수 있습니다.

응용 패턴

A 동사/형용사 như B : A가 B처럼 + 동사/형용사 ~

Cô ấy nói tiếng Việt như người Việt.   그녀가 베트남 사람처럼 베트남어를 한다.

Anh ấy ăn cơm như uống nước.   그가 물을 마시는 것처럼 밥을 먹는다.

Pattern 2

~만큼 ~
~ bằng ~
방

패턴·회화 연습 듣기

🎧 MP3 071

'bằng'은 대등 비교에서 사용되는 표현입니다. 형용사 '같다'의 의미를 가진 표현으로, '~이 ~만큼 어떤 상태를 가진 다'는 표현을 하고 싶을때 그 형용사 뒤에 '~만큼'의 의미를 가진 'bằng'을 넣어서 표현합니다.

패턴 구조   형용사 + bằng ~   ~만큼 ~

패턴 연습

Cao bằng Minho.   민호만큼 키가 크다.
까오 방 민호

Hùng cao bằng Minho.   훙이 민호만큼 키가 크다.
훔 까오 방 민호

Cái này mắc bằng cái kia.   이것이 저것만큼 비싸다.
까이 나이 막 방 까이 끼어

회화 연습

A: Cái này mắc không?
   까이 나이 막 콤

B: Mắc.
   막

A: Còn cái kia?
   껀 까이 끼어

B: Cái kia cũng mắc bằng cái này.
   까이 끼어 꿈 막 방 까이 나이

A: 이거 비싸요?

B: 비싸요.

A: 저것은요?

B: 저것도 이것만큼 비싸요.

선생님 한마디

'bằng'은 수량이나 상태가 같을 때 나타내는 표현이므로, 'A và B ~ bằng nhau'의 구조로 사용할 수도 있습니다.

새단어

mắc (đắt) *adj.* 비싸다
nhau *n.* 서로

응용 패턴

> A và B ~ bằng nhau : A와 B는 (서로) ~ 같다

Hùng và Minho cao bằng nhau.   훙과 민호는 키가 같다.

Phở và bún chả ngon bằng nhau.   쌀국수와 분짜는 똑같이 맛있다.

~보다 ~

~ hơn ~
헌

패턴·회화 연습 듣기

🎧 MP3 072

비교급에서 많이 쓰이는 표현이 바로 'hơn'입니다. 'hơn'은 '어떤 수준 보다 더'라는 의미로, 'hơn'의 앞에 나온 대상이 'hơn'의 뒤에 나온 것보다 어떤 상태를 더 많이 가지거나 어떤 행동을 더 많이 한다는 뜻을 나타냅니다.

패턴 구조

A hơn B ~

A가 B보다 ~

패턴 연습

Lan đẹp hơn Hoa.
란 땝 헌 화

란 씨가 화 씨보다 예쁘다.

Minho cao hơn tôi.
민호 까오 헌 또이

민호 씨가 나보다 키가 크다.

Phở ngon hơn bún chả.
퍼 응언 헌 분 짜

쌀국수가 분짜보다 맛있다.

Em ăn nhiều hơn anh.
앰 안 니에우 헌 아잉

내가 오빠보다 많이 먹는다.

회화 연습

A: **Cái nào đẹp hơn?**
까이 나오 땝 헌

B: **Cái này đẹp hơn cái kia.**
까이 나이 땝 헌 까이 끼어

A: **Nhưng cái này mắc hơn.**
능 까이 나이 막 헌

B: **Vậy à?**
베이 아

A: 어느 게 더 예뻐?

B: 이것이 저것보다 더 예뻐.

A: 그런데 이게 더 비싸.

B: 그래?

선생님 한마디

'hơn' 앞에 '동사/형용사/부사' 등이 올 수 있지만 '동사'가 오는 경우, '목적어'가 있거나 '부사'가 있어야 될 경우가 많습니다.

예 Em ăn nhiều hơn anh.
내가 오빠보다 많이 먹는다.

새 단어

nhiều *adj./adv.* 많다/많이

응용 패턴

A hơn B : A가 B보다 더 좋다/잘한다

Minho hơn tôi. 민호가 나보다 좋다/잘한다.

Mỹ hơn Trung Quốc. 미국이 중국보다 좋다/잘한다.

Pattern 4

가장/제일 ~

~ nhất
녇

패턴·회화 연습 듣기

🎧 MP3 073

'nhất'은 '~이 가장/제일 ~하다'라는 최상급 비교 표현으로, 비교 대상이 둘 이상이며 그중에서 어떤 상태를 가장 많이 가지거나 어떤 행동을 가장 많이 하는 대상을 표현할 경우 사용됩니다. 'nhất'은 한자어로써 '제일(第一)'이라는 뜻입니다.

패턴 구조	
~ nhất	가장/제일 ~
A ~ nhất	A가 가장/제일 ~

패턴 연습

Đẹp nhất.
땝　녇

제일 예쁘다.

Ngon nhất.
응언　녇

가장 맛있다.

Minho cao nhất.
민호　까오　녇

민호 씨가 가장 키가 크다.

Tôi thích tiếng Việt nhất.
또이　틱　띠엥　비엣　녇

내가 제일 베트남어를 좋아한다.

회화 연습

A: Ai giỏi tiếng Việt nhất?
　아이　쩌이　띠엥　비엣　녇

B: Anh Minho.
　아잉　민호

A: Ai siêng năng nhất?
　아잉　시엥　낭　녇

B: Lan.
　란

A: 누가 베트남어를 제일 잘해요?

B: 민호 씨요.

A: 누가 가장 부지런해요?

B: 란 씨요.

선생님 한 마디

'nhất'은 보통 '동사/형용사' 뒤에 나오는데 목적어나 부사어가 나올 경우에는 문장 끝에 나옵니다.

📝 Tôi ăn cơm nhiều nhất.
　내가 밥을 가장 많이 먹는다.

새 단어

giỏi　v. 잘하다
siêng năng　adj. 부지런하다

응용 패턴

　~ nhất là ~ : 가장 ~하는 것은 ~이다

Tôi thích nhất là bún chả.　내가 가장 좋아하는 것은 분짜이다.

Anh ấy giỏi nhất là tiếng Việt.　그가 가장 잘하는 것은 베트남어이다.

베트남어에서는 한 가지 동사만으로 표현할 수 있는 보편적인
표현들이 있습니다. 어떤 것을 원하거나 조언을 할 때 간단하게
요청할 수 있는 어법들을 학습해 보세요.

12장

한마디로
되는 어법

Pattern 1

~하고 싶다 / 원하다

muốn ~

무언

패턴·회화 연습 듣기

🎧 MP3 074

'muốn'은 '~하고 싶다/원한다'라는 의미의 동사입니다. 'muốn' 뒤에는 '동사, 형용사, ~이다'와 함께 결합할 수 있습니다.

· 패턴 구조 ·	muốn ~	~하고 싶다 / 원하다

· 패턴 연습 ·		
	Muốn đi. 무언 띠	가고 싶다.
	Muốn đẹp. 무언 땹	예뻐지고 싶다.
	Tôi muốn ăn phở. 또이 무언 안 퍼	쌀국수를 먹고 싶다.
	Minho muốn học tiếng Việt. 민호 무언 헙 띠엥 비엩	민호 씨가 베트남어를 배우고 싶어한다.

· 회화 연습 ·

A: Hôm nay, em muốn làm gì?
홈 나이 앰 무언 람 찌

B: Em muốn xem phim.
앰 무언 쌤 핌

A: Em muốn xem phim gì?
앰 무언 쌤 핌 찌

B: Phim hài.
핌 하이

A: 오늘 뭐하고 싶어?

B: 영화를 보고 싶어요.

A: 무슨 영화를 보고 싶어?

B: 코메디 영화요.

· 선 생 님 한 마 디 ·

'muốn(~하고 싶다)'이 3인칭과 결합을 하면 '~하고 싶어하다'로 바뀝니다. 그러나 'muốn'은 하나의 동사이므로 이러한 현상이 별도로 일어나지 않고, '~하고 싶다'와 '~하고 싶어하다'의 2가지 뜻을 모두 가집니다.

· 응용 패턴 ·

> không muốn ~ : ~하고 싶지 않다

Lan không muốn gặp Minho.   란 씨가 민호를 만나고 싶어하지 않는다.

Tôi không muốn đi công tác.   나는 출장을 가고 싶지 않다.

Pattern 2

~할 필요가 있다

cần ~

껀

패턴·회화 연습 듣기

🎧 MP3 075

'cần'은 무엇인가를 필요로할 때 쓰이는 표현으로, '~할 필요가 있다'라는 의미의 동사입니다. 'cần'은 영어의 동사 'need'와 같은 의미입니다.

| 패턴 구조 | cần ~ | ~할 필요가 있다 |

| 패턴 연습 | | |

Cần ăn.
껀 안

먹을 필요가 있다.

Cần ăn sáng.
껀 안 상

아침을 먹을 필요가 있다.

Chúng ta cần ăn sáng.
쭘 따 껀 안 상

우리는 아침을 먹을 필요가 있다.

Tôi cần học tiếng Việt.
또이 껀 헙 띠엥 비엣

나는 베트남어를 배울 필요가 있다.

회화 연습

A: **Em muốn giỏi tiếng Hàn.**
  앰 무언 쩌이 띠엥 한

B: **Vậy thì, em cần xem phim Hàn Quốc.**
  베이 티 앰 껀 쌤 핌 한 궉

A: **Em rất thích phim Hàn Quốc.**
  앰 럳 틱 핌 한 궉

B: **Anh cũng vậy.**
  아잉 꿈 베이

A: 한국어를 잘하고 싶어요.

B: 그럼, 한국 드라마를 볼 필요가 있어요.

A: 나는 한국 드라마를 아주 좋아해요.

B: 나도요.(나도 그래요.)

선생님 한마디

'cần' 뒤에 명사가 오면 '~이 필요하다'는 뜻이 됩니다.

📝 **Tôi cần tiền.**
  돈이 필요하다.

새 단어

vậy *adj.* 그렇다

응용 패턴

không cần ~ : ~할 필요가 없다/필요없다

Anh không cần đi.   당신이 갈 필요가 없다.

Em không cần tiền.   나는 돈이 필요없다.

3단계 · 긴 문장 익히기

135

Pattern 3

~하는 것이 좋다

nên ~

넨

패턴·회화 연습 듣기

🎧 MP3 076

'nên'은 어떤 사람에게 조언을 할 때 사용되는 동사입니다. 'nên'은 영어의 동사 'should'와 같은 의미로써, 'nên' 뒤에 나온 행동을 하면 좋겠다는 의미를 나타냅니다.

· 패턴 구조 ·

nên ~   ~하는 것이 좋다

· 패턴 연습 ·

Nên ngủ.
넨 응우
자는 것이 좋다.

Nên ngủ sớm.
넨 응우 섬
일찍 자는 것이 좋다.

Em nên ngủ sớm.
앰 넨 응우 섬
너는 일찍 자는 것이 좋다.

Anh nên học tiếng Việt.
아잉 넨 헙 띠엥 비엗
당신은 베트남어를 배우는 것이 좋다.

· 회화 연습 ·

A: Em bị đau đầu.
    앰 비 따우 떠우

B: Em uống thuốc chưa?
    앰 우엉 투억 쯔어

A: Em uống rồi. Nhưng vẫn đau.
    앰 우엉 로이 능 번 따우

B: **Em nên đi bệnh viện.**
    앰 넨 띠 베잉 비엔

A: 난 머리가 아파.

B: 약 먹었어?

A: 먹었어. 근데 아직도 아파.

B: 병원에 가는 게 좋아.

선생님 한마디

'cần' 뒤에는 명사가 올 수 있지만 'nên' 뒤에는 명사가 올 수 없습니다.

새 단어

vẫn *adv.* 여전히, 그대로
bệnh viện *n.* 병원

· 응용 패턴 ·

> không nên : ~안 하는 것이 좋다

Không nên đi.   안 가는 것이 좋다.

Anh không nên hút thuốc.   (당신이) 담배를 안 피우는 것이 좋다.

~해야 한다

phải ~
파이

🎧 MP3 077

'phải'는 무엇인가를 해야 한다는 표현을 나타낼 때, '~해야 한다'라는 의미의 동사입니다. 'phải'는 영어의 동사 'have to'와 같은 의미로써, 뒤에 '동사, 형용사, ~이다'가 올 수 있습니다.

패턴 구조	phải ~	~해야 한다

패턴 연습

Phải đẹp.
파이 땝
예뻐야 한다.

Phải ăn.
파이 안
먹어야 한다.

Tôi phải đi công tác.
또이 파이 띠 꼼 딱
내가 출장을 가야 한다.

Em phải ở nhà.
앰 파이 어 냐
네가 집에 있어야 한다.

회화 연습

A: Em muốn đi xem phim.
앰 무언 띠 쌤 핌

B: Nhưng anh bận.
능 아잉 번

A: Anh bận gì?
아잉 번 찌

B: Anh phải viết báo cáo.
아잉 파이 비엩 바오 까오

A: 나는 영화를 보러 가고 싶어.

B: 그렇지만, 난 바빠.

A: 뭐가 바빠?

B: 보고서를 써야 해.

선생님 한마디

'phải' 앞에 'cần'이 오면 '~이 필요하다'는 의미가 아닌, '~을 해야한다'는 강조의 표현이 됩니다.

새 단어

viết *v.* 쓰다
báo cáo *n./v.* 보고서/보고하다

응용 패턴

cần phải : ~해야 된다

Anh cần phải đi.
내가 가야 된다.

Chúng ta cần phải ăn sáng.
우리가 아침을 먹어야 해.

앞에서 단문과 여러 가지 문장 성분을 익혔다면, 이제 단문들을 연결해서 표현하는 방법을 학습해 보겠습니다. '복문'은 2개 이상의 단문이 연결되어 만들어진 문장을 말합니다. '～는데, ～거든, ～면'과 같은 형식의 연결어미를 활용해 단문과 단문을 연결한 복문을 만드는 법을 학습해 보세요.

13장

문장의 연결

Pattern 1

~해서/~니까/~기 때문에

Vì ~ nên ~

비   넨

패턴·회화 연습 듣기

🎧 MP3 078

'vì'는 어떤 행위의 이유나 원인을 설명하고 싶을 때 사용합니다. 'vì' 뒤에 '원인이나 이유'가 오고, 'nên' 뒤에 그 원인이나 이유로 인해 생긴 '결과'가 위치함으로써, '~해서/~이기 때문에 ~한다'라는 의미를 가집니다. 'vì'는 'bởi vì, tại vì'와 대체 가능하며, 'nên'은 'cho nên'과 대체 가능합니다.

· 패턴 구조 · Vì + 원인/이유 + nên + 결과   ~해서/~니까/~기 때문에

· 패턴 연습 ·

Vì đói nên tôi ăn.
비 떠이 넨 또이 안
배가 고파서 밥을 먹는다.

Vì bận nên tôi không đi.
비 번 넨 또이 콤 띠
바쁘니까 안 간다.

Vì cái áo này đẹp nên tôi đã mua.
비 까이 아오 나이 땝 넨 또이 따 무어
이 옷이 예쁘기 때문에 샀다.

· 회화 연습 ·

A: Tại sao em không ăn?
　　따이 사오 앰 콤 안

B: Vì em đau bụng nên không ăn.
　　비 앰 떠우 붐 넨 콤 안

A: Em uống thuốc chưa?
　　앰 우엉 투억 쯔어

B: Dạ chưa.
　　야 쯔어

A: 왜 안 먹어?

B: 배가 아파서 안 먹어요.

A: 약 먹었어?

B: 아직이요.

· 선생님 한마디 ·

「결과+vì+원인/이유」처럼 결과가 먼저 나올 경우, 'nên'은 생략됩니다.

· 응용 패턴 ·

결과 + vì + 원인/이유 : ~ 하다 ~ 때문에

Tôi buồn vì cô ấy.
그 여자 때문에 슬프다.
(직역: 슬프다. 그 여자 때문에)

Tôi không đi vì tôi bận.
내가 바빠서 안 간다.
(직역: 안 간다. 내가 바빠서)

---

140   패턴의 법칙 **베트남어** 첫걸음

Pattern 2

~하면 ~
Nếu ~ thì ~
네우   티

패턴·회화 연습 듣기

🎧 MP3 079

'Nếu ~ thì ~'는 어떤 조건이 이루어지면 어떤 결과가 나올 것이라는 표현을 쓰고 싶을 때, '~하면 ~'의 의미로 사용합니다. 'nếu' 뒤에 '조건'이 오고 'thì' 뒤에 '결과'가 오는 구조를 가지며, 경우에 따라 둘 중 하나의 단어는 생략될 수 있습니다.

· 패턴 구조 ·	Nếu + 조건 + thì + 결과	~하면 ~

· 패턴 연습 ·		
	Nếu biết thì nói. 네우 비엔 티 너이	알면 말한다.
	Nếu thích thì mua. 네우 틱 티 무어	좋아하면 산다.
	Nếu trời mưa thì tôi không đi. 네우 쩌이 므어 티 또이 콤 띠	비가 오면 안 갈 것이다.

· 회화 연습 ·

A: Khi nào anh đến Hàn Quốc?
키 나오 아잉 뗀 한 꿕

B: Tháng sau.
탕 사우

A: **Nếu anh đến thì cho tôi biết.**
네우 아잉 뗀 티 쩌 또이 비엔

B: Vâng.
벙

A: 언제 한국에 오세요?
B: 다음 달이요.
A: 오면 저에게 알려 주세요.
B: 네.

· 선 생 님 한 마 디 ·

'nếu'와 'thì'는 둘 다 생략 가능하며, 둘 중 하나만 생략될 수도 있습니다.

예) Nếu phim hay, tôi sẽ xem.
영화가 재미있으면 내가 볼 것이다.

· 새 단 어 ·

mua v. 사다
cho ~ biết ~에게 알려주다

· 응용 패턴 ·

결과 + nếu + 조건 : ~하면 ~

Tôi sẽ đi nếu không bận.   바쁘지 않으면, 내가 갈 것이다.

(직역: 내가 갈 것이다. 바쁘지 않으면)

Cô ấy sẽ vui nếu gặp anh.   당신을 만나면, 그녀가 기쁠 것이다.

(직역 : 그녀가 기쁠 것이다. 당신을 만나면)

3단계 · 긴 문장 익히기   **141**

~지만/~(으)나/~는데

~ nhưng ~

능

패턴·회화 연습 듣기

🎧 MP3 080

'nhưng'은 앞의 문장과 뒤의 문장이 서로 대립 관계에 있을 때, '~지만 ~이다'라는 의미로 두 문장을 연결하는 역할을 합니다. nhưng 뒤에 접속사 'mà'를 결합하면 더 자연스러운 표현이 됩니다.

· 패턴 구조 ·   ~ nhưng ~   ~지만/~(으)나/~는데

· 패턴 연습 ·

Đẹp nhưng mắc.
댑   능   막
예쁘지만 비싸다.

Đói nhưng không ăn.
더이   능   콤   안
배가 고프지만 안 먹는다.

Minho là người Hàn Quốc nhưng giỏi tiếng Việt.
민호   라 응어이 한   꿕   능   쩌이 띠엥 비엗
민호는 한국 사람인데 베트남어를 잘한다.

· 회화 연습 ·

A: Cái áo này thế nào?
까이 아오 나이 테 나오

B: Bao nhiêu tiền?
바오   니에우 띠엔

A: 800,000 đồng.
땀 짬 응안 똥

B: Đẹp nhưng mắc quá.
댑   능   막 과

A: 이 옷 어때요?

B: 얼마인데요?

A: 80만 동이에요.

B: 예쁘지만 너무 비싸요.

새 단어

đói   *adj.* (배가) 고프다

· 응용 패턴 ·

~ (nhưng) mà ~ : ~지만/~는데

Ngon nhưng mà hơi mắc.   맛있지만 조금 비싸다.
Phim hay mà hơi buồn.   영화가 재미있는데 조금 슬프다.

Pattern 4

〜기 위해/〜려고

~ để ~

떼

패턴·회화 연습 듣기

🎧 MP3 081

'để'는 어떤 행동을 하는 목적을 나타내고 싶을 때, '〜기 위해, 〜하려고'의 의미로 표현됩니다. 'để' 앞에 '행동'이 오고 'để' 뒤에 '행동의 목적'이 오는 구조로 되어 있습니다.

| 패턴 구조 | 행동 + để + 행동의 목적 | 〜기 위해/〜려고 |

패턴 연습		
Ăn để sống. 안 떼 솜		살기 위해 먹는다.
Đi chợ để mua thịt. 띠 쩌 떼 무어 틷		고기를 사기 위해 시장에 간다.
Tôi học tiếng Việt để làm việc. 또이 헙 띠엥 비엣 떼 람 비엑		일하려고 베트남어를 배운다.
Giám đốc đi ra ngoài để gặp khách. 쨤 똡 띠라 응와이 떼 갑 카익		사장님이 손님을 만나려고 밖에 나갔다.

회화 연습

A: Anh học tiếng Việt để làm gì?
아잉 헙 띠엥 비엣 떼 람 찌

B: Tôi học để sống ở Việt Nam.
또이 헙 떼 솜 어 비엣 남

A: Tiếng Việt có khó không?
띠엥 비엣 꺼 커 콤

B: Có, rất khó.
꺼 럳 커

A: 무엇을 하려고 베트남어를 배워요?

B: 베트남에서 살려고 배워요.

A: 베트남어가 어려워요?

B: 네, 아주 어려워요.

선생님 한마디

'để'의 앞이나 뒤에는 '명사'가 오지 않습니다. 대신, 'vì'를 사용할 수 있습니다.

새단어

khách *n.* 손님
gia đình *n.* 가족

응용 패턴

| 행위 + vì + 대상(명사) : 〜를 위해 〜을 한다 |

Tôi sống vì gia đình.   나는 가족을 위해서 산다.
Cô ấy đến đây vì tôi.   그녀가 나를 위해서 여기에 왔다.

~하면서 ~
vừa ~ vừa ~
브어   브어

패턴·회화 연습 듣기

🎧 MP3 082

'vừa ~ vừa ~'는 동시에 2가지 행동을 하거나 2가지 상태를 가질 때, '~하면서 ~한다'는 의미로 사용됩니다.

주의 두 절의 '주어'가 '동일'해야 합니다.

패턴 구조   vừa ~ vừa ~   ~하면서 ~

패턴 연습   Vừa đi vừa nói.   가면서 말한다.
               브어 띠 브어 너이

               Vừa đẹp vừa thông minh.   예쁘면서 똑똑하다.
               브어 땝 브어 톰 밍

               Tôi vừa ăn cơm vừa xem phim.   나는 밥을 먹으면서 영화를 본다.
               또이 브어 안 껌 브어 쌤 핌

               Anh ấy vừa làm việc vừa đọc sách.   그는 일을 하면서 책을 읽는다.
               아잉 에이 브어 람 비엑 브어 떱 사익

회화 연습

A: **Anh đang làm gì?**
   아잉 땅 람 찌

B: **Tôi đang vừa học vừa nghe nhạc.**
   또이 땅 브어 헙 브어 응애 냑

A: **Anh học gì?**
   아잉 헙 찌

B: **Tôi học tiếng Việt.**
   또이 헙 띠엥 비엗

A: 뭐 하고 있어요?

B: 공부하면서 음악을 듣고 있어요.

A: 무슨 공부를 해요?

B: 베트남어 공부를 해요.

새 단어

thông minh *adj.* 똑똑하다
nhạc *n.* 음악
hỏi *v.* 묻다

응용 패턴

> đã ~ lại còn / mà còn ~ : ~면서도 ~

Đã đẹp lại còn thông minh.   예쁘면서도 똑똑하다.
Anh đã biết mà còn hỏi.   당신은 알면서도 묻네요.

~하거나 ~

~ hoặc ~

확

패턴·회화 연습 듣기

🎧 MP3 083

'hoặc'은 2가지 이상의 행동 중 하나의 행동을 선택할 경우, '~하거나 ~한다'는 의미로 두 절을 연결하는 역할을 합니다. 또한, 'hoặc' 뒤에 'là'를 붙여서 그 의미를 강조 할 수 있습니다.

· 패턴 구조 · ~ hoặc (là) ~   ~하거나 ~

· 패턴 연습 ·

Ăn cơm hoặc ăn phở.
안 껌 확 안 퍼

밥을 먹거나 쌀국수를 먹는다.

Mua cái này hoặc mua cái kia.
무어 까이 나이 확 무어 까이 끼어

이것을 사거나 저것을 산다.

Tôi sẽ đi Hàn Quốc hoặc đi Mỹ.
또이 새 띠 한 꿕 확 띠 미

나는 한국에 가거나 미국에 갈 것이다.

Em sẽ gặp bạn hoặc ở nhà.
앰 새 갑 반 확 어 냐

친구를 만나거나 집에 있을 것이다.

· 회화 연습 ·

A: Cuối tuần, em sẽ làm gì?
꾸어이 뚜언 앰 새 람 찌

B: Em sẽ đi xem phim hoặc gặp bạn.
앰 새 띠 쌤 핌 확 갑 반

A: Em định xem phim gì?
앰 띵 쌤 핌 찌

B: Em chưa biết.
앰 쯔어 비엩

A: 주말에 뭐 할 거예요?

B: 영화를 보러 가거나 친구를 만날 거예요.

A: 무슨 영화를 보려고 해요?

B: 아직 모르겠어요.

· 선생님 한마디 ·

'hoặc'과 'hay'가 의미상 거의 비슷하지만 'hay'는 선택 의문문인 '~하니? ~하니?'의 뜻으로도 사용됩니다.

· 새단어 ·

chưa biết   v. 아직 모르겠다
siêu thị   n. 마트, 슈퍼

· 응용 패턴 ·

~ hay (là) ~ : ~거나 ~/~하니? ~하니?

Tôi sẽ đi chợ hay là đi siêu thị.   내가 시장에 가거나 마트에 갈 것이다.

Minho đi công tác hay là ở nhà?   민호가 출장가니? 집에 있니?

자신이 무슨 일을 할 수 있는지 말하고 싶거나, 상대방이 무슨
일을 할 수 있는지 물어보고 싶을 때 '가능'이나 '능력'을 나타내
는 표현을 사용할 수 있습니다. '~할 수 있다, ~할 줄 안다' 등
의 의미를 가진 패턴을 학습해 보세요.

14장

'가능'과 '능력'

Pattern 1

~할 수 있다

có thể ~

꺼 테

패턴·회화 연습 듣기

🎧 MP3 084

'có thể ~'는 어떤 일을 할 능력이 있다고 할 때, '~(으)ㄹ 수 있다'의 의미로 사용됩니다. 또한, 'có thể'는 '동사, 형용사, ~이다'와 결합할 수 있습니다.

· 패턴 구조 ·   có thể **+ 동사**   ~할 수 있다

· 패턴 연습 ·

Có thể đi.
꺼 테 디

갈 수 있다.

Có thể ăn.
꺼 테 안

먹을 수 있다.

Tôi có thể đi công tác.
또이 꺼 테 디 꼼 딱

나는 출장을 갈 수 있다.

Lan có thể nói tiếng Hàn.
란 꺼 테 너이 띠엥 한

란 씨는 한국어를 할 수 있다.

· 회화 연습 ·

A: Lan có thể nói tiếng Hàn không?
    란 꺼 테 너이 띠엥 한 콤

B: Dạ, có.
    야 꺼

A: Còn tiếng Nhật?
    껀 띠엥 녓

B: Em không thể nói tiếng Nhật.
    앰 콤 테 너이 띠엥 녓

A: 란 씨는 한국어를 할 수 있어요?

B: 네, 할 수 있어요.

A: 일본어는요?

B: 저는 일본어를 할 수 없어요.

· 선생님 한마디 ·

'~ 사람이 ~ 일을 할 수 있어?'라는 질문을 하고 싶을 때는 'có thể ~ không?'이라는 문법을 사용하면 됩니다.

📝 Anh có thể nấu ăn không?
(당신은) 요리할 수 있어요?

· 새 단어 ·

đi công tác   *v.* 출장가다
tiếng Nhật   *n.* 일본어

· 응용 패턴 ·

Có thể **+ 주어 + 형용사/동사** : '주어'가 ~할 수 있다

Có thể anh ấy bận.   그가 바쁠 수 있다.

Có thể anh ấy không đến.   그가 오지 않을 수 있다.

Pattern 2

~할 수 없다

không thể ~
콤　　테

패턴·회화 연습 듣기

🎧 MP3 085

'không thể'는 'có thể'와 반대로 어떤 일을 할 능력이나 가능성이 없을 때, '~할 수 없다'의 의미로 사용됩니다. 'có thể'와 마찬가지로 'không thể'도 '동사, 형용사, ~이다'와 결합할 수 있습니다.

패턴 구조	không thể + 동사	~할 수 없다
패턴 연습	Không thể **ngủ**. 콤　　테 응우	잘 수 없다.
	Không thể **nói**. 콤　　테 너이	말할 수 없다.
	Tôi không thể **ngủ sớm**. 또이　콤　테 응우 섬	나는 일찍 잘 수 없다.
	Anh không thể **đến trễ**. 아잉　콤　테 뗀 쩨	당신은 늦게 올 수 없다.

회화 연습

A: Em có thể uống rượu không?
　 앰 꺼 테 우엉 르우 콤

B: Em không thể uống rượu.
　 앰 콤 테 우엉 르우

A: Tại sao?
　 따이 사오

B: Vì em bị dị ứng.
　 비 앰 비 이 응

A: 술을 마실 수 있어요?

B: 저는 술을 마실 수 없어요.

A: 왜요?

B: 알레르기가 있어서요.

선생님 한마디

'không thể'는 '~할 수 없다' 외에도 '~하면 안된다'는 뜻으로 '금기, 명령'을 표현하기도 합니다.

새 단어

rượu n. 술
dị ứng n. 알레르기
　　　 adj. 알레르기가 있다

응용 패턴

> không thể ~ được : ~할 수 없다

Tôi không thể nói được.　　나는 말할 수 없다.
Anh không thể đi được.　　당신은 갈 수 없다.

절대로 ~할 수 없다
không thể nào ~
콤 테 나오

패턴·회화 연습 듣기

🎧 MP3 086

'không thể nào'는 'không thể'와 마찬가지로 '~할 수 없다'는 의미를 가지지만 'không thể' 보다 강하고 단호한 부정형을 나타냅니다.

· 패턴 구조 · (주어) + không thể nào + 동사/형용사   절대로 ~할 수 없다

· 패턴 연습 ·

Không thể nào ăn cái này.
콤 테 나오 안 까이 나이
이것은 절대로 먹을 수 없다.

Tôi không thể nào đi.
또이 콤 테 나오 띠
나는 절대로 갈 수 없다.

Tôi không thể nào yêu cô ấy.
또이 콤 테 나오 이우 꼬 에이
나는 그녀를 절대로 사랑할 수 없다.

Anh ấy không thể nào đến trễ.
아잉 에이 콤 테 나오 뗀 쩨
그는 절대로 늦게 올 수 없다.

· 회화 연습 ·

A: Minho sẽ không đến.
민호 새 콤 뗀

B: Anh ấy không thể nào không đến.
아잉 에이 콤 테 나오 콤 뗀

A: Anh ấy đã nói như vậy.
아잉 에이 따 너이 느 베이

B: Không thể nào.
콤 테 나오

· 새 단어 ·

như vậy (như thế)
adv. 그렇게

A: 민호는 오지 않을 거예요.
B: 그는 절대로 안 올 수 없어요.
A: 그는 그렇게 말했어요.
B: 절대로 그럴 수가 없어요.

· 응용 패턴 ·

(주어) + không thể nào ~ được : 절대로 ~할 수 없다

Tôi không thể nào đi được.   나는 절대로 갈 수 없다.
Cô ấy không thể nào nói dối được.   그녀는 절대로 거짓말을 할 수 없다.

~이 가능하니?/~할 수 있니?

~ được không?
뜨억   콤

🎧 MP3 087
패턴·회화 연습 듣기

'~ được không?'은 상대방에게 어떤 일이 가능하거나 그런 일을 할 가능성이 있는지 물어보고 싶을 때, '~이 가능하니?'의 의미로 표현됩니다. '~ được không?'은 'có thể(~할 수 있다)'와 비슷한 의미지만, 어떤 '상황이나 시점'에서 그 일이 가능한지를 질문할 때 많이 사용됩니다.

패턴 구조

명사 + được không?　　　　~이 가능하니?

동사 + được không?　　　　~할 수 있니?

패턴 연습

Cái này được không?　　　　이게 가능하니?/이게 되니?
까이 나이 뜨억 콤

Gặp được không?　　　　만나는 것이 가능하니?
갑　 뜨억 콤

Ngày mai anh đến được không?　　내일 올 수 있니?
응아이 마이 아잉 뗀 뜨억 콤

Anh ăn cái này được không?　　당신은 이것을 먹을 수 있니?
아잉 안 까이 나이 뜨억 콤

회화 연습

A: **Tôi muốn gặp giám đốc.**
또이 무언 갑 짬 똡

B: **Lát nữa anh đến được không?**
란 느어 아잉 뗀 뜨억 콤

A: **Vâng. Khi nào giám đốc về?**
벙 키 나오 짬 똡 베

B: **10 phút sau.**
므어이 푿 사우

A: 사장님을 만나고 싶어요.

B: 조금 이따 올 수 있어요?

A: 네. 사장님은 언제 돌아와요?

B: 10분 후에요.

선생님 한마디

명사나 동사 뒤에 'được'이 오면 '~ 가능하다' 또는 '~할 수 있다'라는 의미가 됩니다.

새단어

ngày mai　*n.* 내일
lát nữa　*adv.* 이따가
về　*v.* 들어오다, 돌아오다
phút　*n.* 분
sau　*n.* 후, 뒤

응용 패턴

~ được : ~ 가능하다/~ 할 수 있다

Ngày mai được.　　내일 가능하다.

Tôi đi được.　　갈 수 있다.

~해도 되니?

được ~ không?
뜨억   콤

패턴·회화 연습 듣기

🎧 MP3 088

'được ~ không?'은 누군가에게 허락을 받고 싶을 때, '~해도 되니?'의 의미로 표현됩니다. 또한, 'được'과 'không' 사이에 '동사'를 넣어서 '그 행동을 해도 되는지'를 물어볼 수도 있습니다. 그리고 'được' 앞에 'có'를 넣어서 사용할 수도 있습니다.

• 패턴 구조 • được + 동사 + không?   ~해도 되니?

• 패턴 연습 •
Được ăn không?
뜨억 안 콤   먹어도 되니?

Được đi không?
뜨억 띠 콤   가도 되니?

Tôi có được nghe không?
또이 꺼 뜨억 응애 콤   내가 들어도 되니?

Tôi có được biết không?
또이 꺼 뜨억 비엗 콤   내가 알아도 되니?

• 회화 연습 •

A: Tại sao Lan khóc?
따이 사오 란 컵

B: Lan có chuyện.
란 꺼 쮜엔

A: Chuyện gì? Tôi có được biết không?
쮜엔 찌 또이 꺼 뜨억 비엗 콤

B: Xin lỗi. Em không thể nói.
씬 로이 앰 콤 테 너이

A: 왜 란 씨가 울어요?

B: 란 씨가 사정이 있어서요.

A: 무슨 일이요? 제가 알아도 되나요?

B: 미안해요. 말할 수 없어요.

• 선생님 한마디 •

'được ~ không?'이 1인칭에 쓰일 경우 '~ được không?'과 같은 구조를 가지며, 뜻은 '~해도 되니'로 표현됩니다.

예 Được biết không?
= Biết được không?
알아도 되니?

그러나 'ăn, ngủ, học' 등과 같은 몇 가지의 동사와 결합하면 '~할 만하니?'라는 의미로 해석될 수 있습니다. 그러므로, 문장의 맥락에 따라 해석에 주의해야 합니다.

• 새 단어 •

khóc *v.* 울다
chuyện *n.* 일, 이야기, 사정
xin lỗi *adj.* 미안하다
     v. 사과하다

• 응용 패턴 •

~ được không? : ~할 만하니?

Ăn được không?   먹을 만하니?
Học được không?   공부할 만하니?

Pattern 6

~면 된다

~ là được

라 뜨억

패턴·회화 연습 듣기

🎧 MP3 089

'~ là được'은 '상대방에게 어떤 일을 하면 된다'고 말하고 싶을 때, 'là được' 앞에 '형용사, 동사, 구절'을 넣어 '~하면 된다'의 의미로 표현합니다.

주의 'là được' 앞에는 'là(~이다)'가 바로 올 수 없고, 'là'와 'là được' 사이에 '명사'가 와야 합니다.

· 패턴 구조 ·

동사/형용사 + là được   ~면 된다

là + 명사 + là được   ~면 된다

· 패턴 연습 ·

Đẹp là được.   예쁘면 된다.
땝 라 뜨억

Đi là được.   가면 된다.
디 라 뜨억

Là giáo viên là được.   선생님이라면 된다.
라 짜오 비엔 라 뜨억

Là học sinh là được.   학생이라면 된다.
라 헙 싱 라 뜨억

· 회화 연습 ·

A: Tôi muốn giỏi tiếng Việt.
또이 무언 쩌이 띠엥 비엔

B: Anh thường xuyên nói là được.
아잉 트엉 쒸엔 너이 라 뜨억

A: Nhưng tôi không có bạn người Việt Nam.
능 또이 콤 꺼 반 응어이 비엔 남

B: Không sao. Anh có thể nói một mình.
콤 사오 아잉 꺼 테 너우 몯 밍

A: 베트남어를 잘하고 싶어요.

B: 자주 말하면 돼요.

A: 그런데 저는 베트남 친구가 없어요.

B: 괜찮아요. 혼자 할 수 있어요.

· 선생님 한마디 ·

상대방에게 이렇게 하면 되는지 확인하고 싶을 때 '~ là được à?' 라는 패턴을 사용하면 됩니다.

· 새단어 ·

không sao *adj.* 괜찮다
một mình *n.* 혼자
lối này *n. / adv.* 이쪽

· 응용 패턴 ·

> ~ là được à? : ~하면 되니?

Đi lối này là được à?   이쪽으로 가면 되니?

Ăn cái này là được à?   이것을 먹으면 되니?

Pattern 7

~할 줄 알다

biết ~
비엔

패턴·회화 연습 듣기

🎧 MP3 090

'biết ~'은 '어떤 일을 할 능력이 있다, 그 일을 할 줄 안다'라고 말하고 싶을 때, '~할 줄 안다'는 의미로 표현됩니다. 반대로, 그 일을 할 줄 아는지 질문하고 싶을 때는, 'có biết ~ không?(~할 줄 알아?)'으로 표현하면 됩니다.

· 패턴 구조 ·		
biết + 동사	~할 줄 알다	
주어 + có biết + 동사 + không?	~할 줄 알아?	

· 패턴 연습 ·

Biết nói tiếng Việt.
비엔 너이 띠엥 비엔
베트남어를 할 줄 안다.

Tôi biết đàn piano.
또이 비엔 딴 비아노
나는 피아노를 칠 줄 안다.

Em có biết hát không?
앰 꺼 비엔 핫 콤
너는 노래를 할 줄 알아?

Chị có biết nấu ăn không?
찌 꺼 비엔 너우 안 콤
언니는 요리할 줄 알아요?

· 회화 연습 ·

A: Lan có biết đàn piano không?
란 꺼 비엔 딴 비아노 콤

B: Có. Mình biết.
꺼 미잉 비엔

A: Bây giờ Lan có thể đàn không?
베이 쩌 란 꺼 테 딴 콤

B: Được.
뜨억

A: 란 씨는 피아노를 칠 줄 알아요?

B: 네. 알아요.

A: 지금 칠 수 있어요?

B: 좋아요.

· 선생님 한마디 ·

'biết' 뒤에 명사가 오면 '그것/그 사람을 안다'는 뜻을 가집니다.

· 새 단어 ·

hát v. 노래하다
đàn piano v. 피아노를 치다
bây giờ n. 지금
được adj. 좋다, 되다(동의할 때)

· 응용 패턴 ·

biết + 명사 : ~ 알다

Tôi biết cô ấy.   나는 그녀를 안다.

Minho biết tiếng Việt.   민호는 베트남어를 안다.

~할 줄 모르다

không biết ~

콤 비엔

'~ không biết ~'은 '어떤 일을 할 능력이 없거나 할 줄 모른다'라고 말하고 싶을 때, '~할 줄 모른다'는 의미로 표현됩니다. 이것은 동사 'biết(알다)' 앞에 부정 부사인 'không'을 넣어서 만들어진 표현입니다.

· 패턴 구조 · không biết + 동사   ~할 줄 모르다

· 패턴 연습 ·

Không biết **ăn.**
콤 비엔 안
먹을 줄 모른다.

Không biết **nói tiếng Hàn.**
콤 비엔 너이 띠엥 한
한국말을 할줄 모른다.

Tôi không biết **ăn Kim Chi.**
또이 콤 비엔 안 김 치
나는 김치를 먹을 줄 모른다.

Cô ấy không biết **vẽ tranh.**
꼬 에이 콤 비엔 배 짜잉
그녀는 그림을 그릴 줄 모른다.

· 회화 연습 ·

A: Lan có biết vẽ tranh không?
란 꺼 비엔 배 짜잉 콤

B: Không. Mình không biết vẽ tranh.
콤 미잉 콤 비엔 배 짜잉

A: Mình rất thích vẽ tranh.
미잉 럳 틱 배 짜잉

B: Vậy à?
베이 아

A: 란 씨는 그림을 그릴 줄 알아요?

B: 아니요. 그림을 그릴 줄 몰라요.

A: 나는 그림 그리는 걸 아주 좋아해요.

B: 그래요?

· 선생님 한마디 ·

상대방에게 어떤 일을 할 줄 모르는지에 대한 질문을 할 때는 'biết'과 달리 'có ~ không' 문법을 사용할 수 없습니다. 대신에, 'không biết ~ à?'라는 문법을 사용하면 됩니다.

· 새단어 ·

vẽ   *v.* 그리다
tranh   *n.* 그림

· 응용 패턴 ·

không biết + 명사 : ~ 모르다

Em không biết anh ấy.   저는 그를 몰라요.

Chị không biết tiếng Hàn.   나는 한국어를 몰라.

4단계

회화로
대화하기

앞에서 배운 단문과 복문을 바탕으로 실제 상황에서 가장 많이 쓰이는 회화체를 학습해 보겠습니다. 가장 기본적인 '인사, 사과, 감사 표현'을 학습해 보세요. 패턴을 익히기 전에 '핵심 어휘'를 익혀두면 패턴 학습이 훨씬 쉬워집니다.

15장

인사하기
사과하기
감사하기

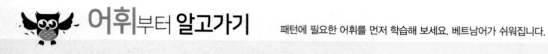

어휘부터 알고가기

패턴에 필요한 어휘를 먼저 학습해 보세요. 베트남어가 쉬워집니다.

• 인사, 사과, 감사

어휘	뜻	어휘	뜻
chào hỏi 짜오 허이	인사	cảm ơn 깜 언	고맙다
chào 짜오	인사하다	lời cảm ơn 러이 깜 언	감사하는 말
xin chào 씬 짜오	안녕하세요	xin cảm ơn 씬 깜 언	감사하다
thưa ~ 트어	(높은 사람에게) 안녕하세요	hỏi thăm 허이 탐	문안하다
hẹn gặp lại 핸 갑 라이	또 만나다, 또 뵙다	phép lịch sự 팹 릭 스	예의
xin lỗi 씬 로이	사과하다, 미안하다, 죄송하다	lịch sự 릭 스	예의가 바르다
lời xin lỗi 러이 씬 로이	사과하는 말	bất lịch sự 벋 릭 스	예의가 없다

• 문안, 예의

어휘	뜻	어휘	뜻
rất vui được gặp ~ 럳 부이 뜨억 갑	~ 만나서 반갑습니다	cuối tuần vui vẻ 꾸어이 뚜언 부이 배	좋은 주말 되세요
rất hân hạnh được biết ~ 럳 헌 하잉 뜨억 비엗	~ 알게 돼서 반갑습니다	gặp lại ~ sau 갑 라이 사우	나중에 봐요
~ có khỏe không? 꺼 쾌 콤	~ 잘 지내세요?	~ đi cẩn thận 띠 껀 턴	조심히 가세요
dạo này, ~ thế nào? 야우 나이 테 나오	요즘, 어떠세요?	~ đi mạnh giỏi 띠 마잉 쩌이	안녕히 가세요
~ khỏe 쾌	~ 잘 지내요, 건강해요	giữ gìn sức khỏe 쯔 찐 슥 쾌	건강하세요, 건강을 잘 지키세요

Tip '~' 위치에 상대방이나 제3자를 가리키는 인칭대명사를 넣어서 사용하세요.

Pattern 1

~ 안녕하세요

Chào ~

짜오

패턴·회화 연습 듣기

🎧 MP3 092

한국어에서는 대상에 상관없이 '안녕하세요?'라고 인사할 수 있지만, 베트남어는 '상대방이 누구인지, 성별과 나이, 직급, 자신과의 관계'에 따라 적합한 인칭대명사를 선택해서 말해야 합니다. 물론, 대상이 너무 다양하거나 공공 장소에서는 구체적인 인칭대명사를 쓰지 않아도 됩니다.

주의 'Chào ~' 뒤에는 물음표(?) 부호가 사용되지 않으므로 주의 하세요.

· 패턴 구조 · Chào ~   ~ 안녕하세요

· 패턴 연습 ·

Chào anh.
짜오 아잉

(형/오빠) 안녕하세요.

Chào cô.
짜오 꼬

(고모/여자 선생님) 안녕하세요.

Chào các bạn.
짜오 깍 반

여러분, 안녕하세요.

Chào quý công ty.
짜오 귀 꼼 띠

귀 회사 안녕하세요.

· 회화 연습 ·

A: Chào Minho.
짜오 민호

B: Chào chị Lan.
짜오 찌 란

A: Minho ăn sáng chưa?
민호 안 사앙 쯔어

B: Em chưa ăn.
앰 쯔어 안

A: 민호 씨, 안녕하세요.

B: 란 누나, 안녕하세요.

A: 민호 씨는 아침 먹었어요?

B: 아직 안 먹었어요.

선생님 한마디

1. 'Chào quý công ty.'는 비즈니스에서 많이 쓰이는 인사말로, 파트너에게 인사할 때 사용되는 표현입니다.

2. 상대방의 나이를 정확히 모르는 경우, 자신보다 높은 인칭대명사로 인사하는 것이 좋습니다.
예) Xin chào anh.
안녕하세요.

새 단어

các bạn *n.* (친구) 여러분
quý vị *n.* 귀빈

· 응용 패턴 ·

Xin chào ~ : 안녕하세요 (더 공손하게)

Xin chào quý vị.   귀빈 여러분, 안녕하세요.
Xin chào giám đốc.   사장님, 안녕하세요.

~ 죄송합니다/실례합니다

Xin lỗi ~
씬　로이

패턴·회화 연습 듣기
🎧 MP3 093

'xin lỗi'는 미안한 마음을 표현하고 싶을 때나 상대방의 양해를 구할 때 '죄송합니다, 실례합니다'의 의미로 표현됩니다. 사과할 때도 인사할 때와 마찬가지로 누구에게 말하는지에 따라 적합한 인칭대명사를 선택해서 말해야 합니다. 물론, 대상이 너무 다양하거나 공공 장소에서는 구체적인 인칭대명사를 쓰지 않아도 됩니다.

패턴 구조　Xin lỗi ~　　　　　　　　　　~ 죄송합니다/실례합니다

패턴 연습
Xin lỗi anh.　　　　　　　　　형/오빠/남자 죄송합니다.
씬　로이 아잉

Xin lỗi các bạn.　　　　　　　여러분 죄송합니다.
씬　로이 깍 반

Xin lỗi, tôi có câu hỏi.　　　　실례합니다. 질문이 있어요.
씬　로이 또이 꺼 꺼우 허이

Xin lỗi, tôi đi qua được không?　실례합니다. 제가 지나갈 수 있나요?
씬　로이 또이 띠 과 뜨억　콤

회화 연습

A: Xin lỗi, tôi có câu hỏi.
　　씬　로이 또이 꺼 꺼우 허이

B: Chị muốn hỏi gì?
　　찌　무언 허이 찌

A: Anh có biết tiếng Hàn không?
　　아잉 꺼 비엣 띠엥 한 콤

B: Xin lỗi chị, tôi không biết.
　　씬　로이 찌 또이 콤 비엣

A: 실례합니다. 질문이 있어요.
B: 무엇을 물어보고 싶으세요?
A: 한국어를 할 줄 아세요?
B: 죄송합니다. 저는 할 줄 몰라요.

선생님 한마디
'thất lễ'는 '실례하다'는 의미로 해석될 수도 있지만 현재는 이런 표현을 사용하지 않습니다.

새 단어
hỏi v. 묻다
đi qua v. 지나가다

응용 패턴

xin lỗi ~ : ~에게 사과하다

Tôi đã xin lỗi anh ấy.　　나는 그에게 사과했다.
Cô ấy chưa xin lỗi tôi.　　그녀가 나에게 아직 사과하지 않았다.

Pattern 3

~ 감사합니다

Cảm ơn ~
깜   언

패턴·회화 연습 듣기

🎧 MP3 094

'Cảm ơn'은 '감사합니다'로 해석되지만, 누구에게 하는 말인지 밝히지 않으면 '반말'인 '고마워'의 의미가 되므로 상대가 연장자일 경우, 'Cảm ơn' 뒤에 꼭 대상을 넣어서 사용해야 합니다.

· 패턴 구조 ·　Cảm ơn ~　　　　　　　　　　~ 감사합니다

· 패턴 연습 ·

Cảm ơn **cô.**	(여자) 선생님 감사합니다.
깜　언 꼬	
Cảm ơn **mẹ.**	어머니 감사합니다.
깜　언 매	
Cảm ơn **các bạn.**	여러분 감사합니다.
깜　언 깍 반	
Cảm ơn **anh đã đến.**	(형/오빠/당신) 와줘서 감사합니다.
깜　언 아잉 따 뗀	

· 회화 연습 ·

A: **Xin lỗi. Tôi đến trễ.**
　씬　로이　또이　뗀　쩨

B: **Không sao. Cảm ơn anh đã đến.**
　콤　사오　깜　언 아잉 따 뗀

A: **Đã bắt đầu chưa?**
　따　받　떠우　쯔어

B: **Vừa mới bắt đầu.**
　브어　머이　받 떠우

A: 죄송합니다. 제가 늦게 왔네요.
B: 괜찮아요. 와주셔서 감사합니다.
A: 시작했나요?
B: 방금 시작했어요.

· 선생님 한마디 ·

'cảm ơn' 앞에 'xin'을 붙이면, 더 공손한 표현이 됩니다. 공공장소에서는 대상을 밝히지 않고 'Xin cảm ơn'만 사용하기도 합니다.

· 새 단어 ·

bắt đầu *n./v.* 시작/시작하다
chân thành *adv.* 진심으로

· 응용 패턴 ·

> **Xin chân thành cảm ơn.** : 진심으로 감사합니다.

Xin chân thành cảm ơn quý vị.　귀빈 여러분 진심으로 감사합니다.
Xin chân thành cảm ơn bố mẹ.　부모님께 진심으로 감사드립니다.

학교에서 또는 사회에서 처음 만나면 가장 많이 하는 말이 자기소개입니다. 자기소개에 필요한 핵심 패턴을 학습해 보세요. 패턴을 익히기 전에 '핵심 어휘'를 익혀두면 패턴 학습이 훨씬 쉬워집니다.

16장

자기소개

어휘부터 알고가기

• 국가명, 띠

quốc tịch 궉 띠익	국적	con giáp 껀 짭	간지/띠
quốc gia 궉 짜	국가	Tý / chuột 띠 / 쭈얻	자/쥐
đất nước / nước 떧 느억 / 느억	나라	Sửu / trâu 스우 / 쩌우	축/소
Hàn / Hàn Quốc 한 / 한 궉	한국	Dần / cọp, hổ 연 / 껍 호	인/호랑이
Việt / Việt Nam 비엗 / 비엗 남	베트남	Mẹo / mão, mèo 매오 / 마오 매오	묘/토끼 (mèo : '고양이'라고도 함)
Mỹ 미	미국	Thìn / rồng 틴 / 롭	진/용
Anh 아잉	영국	Tỵ / rắn 띠 / 란	사/뱀
Pháp 팝	프랑스	Ngọ / ngựa 응어 / 응으어	오/말
Trung / Trung Quốc 쭘 / 쭘 궉	중국	Mùi / dê 무이 / 예	미/양 (dê : '염소'라고도 함)
Úc 웁	호주	Thân / khỉ 턴 / 키	신/원숭이
Nga 응아	러시아	Dậu / gà 여우 / 가	유/닭
Đức 뜩	독일	Tuất / chó 뚜얻 / 쩌	술/개
Nhật / Nhật Bản 녇 / 녇 반	일본	Hợi / heo (lợn) 허이 / 해우 (런)	해/돼지

Tip 베트남에서도 한국과 마찬가지로 나이, 날짜 등을 말할 때 '간지'와 '음력'으로 말합니다.

• 직업, 직장

nghề nghiệp / nghề 응에 응이엡 응에	직업	nơi làm việc 너이 람 비엑	직장
nhân viên công ty 년 비엔 꼼 띠	회사원	văn phòng 반 펌	사무실
nhân viên ngân hàng 년 비엔 응언 항	은행원	ngân hàng 응언 항	은행
giáo viên 짜오 비엔	교사	bệnh viện 베잉 비엔	병원
bác sĩ 박 시	의사	nhà thuốc / hiệu thuốc 냐 투억 / 히에우 투억	약국
ca sĩ 까 시	가수	nhà sách / hiệu sách 냐 사익 / 히에우 사익	서점
dược sĩ 으역 시	약사	quán ăn 관 안	식당
kỹ sư 끼 스	기술자	trường học 쯔엉 헙	학교
công nhân 꼼 년	근로자	nhà hàng 냐 항	레스토랑
thư ký 트 끼	비서	nhà máy 냐 마이	공장
kế toán 께 또안	회계	cửa hàng 끄어 항	가게 / 숍
doanh nhân 요아잉 년	비즈니스맨	trung tâm thương mại 쯤 떰 트엉 마이	백화점
quản lý 관 리	매니저	sân bay 선 바이	공항
sếp 셉	상사	bưu điện 브우 띠엔	우체국
tiếp viên hàng không 띠엡 비엔 항 콤	승무원	cửa hàng tiện lợi 끄어 항 띠엔 러이	편의점
tài xế 따이 쎄	운전기사	chợ 쩌	시장
xe ôm 쌔 옴	베트남 오토바이 기사	bán hàng online 반 항 언라이	온라인으로 판매하는 것

Pattern 1

나는 ~이다

Tôi là ~

또이 라

'Tôi là'는 이름이나 신분을 소개할 때 '나는 ~이다'라는 의미의 표현입니다. 이때, 언제나 'Tôi'라는 인칭대명사를 사용해야 하는 것이 아니라 '상대방이 누군지, 어떤 상황에서 자기를 소개하는지'에 따라 적합한 인칭대명사로 대체해서 사용할 수 있습니다.

· 패턴 구조 ·	Tôi là ~	나는 ~이다

· 패턴 연습 ·

Tôi là Phương.
또이 라 프엉
나는 프엉이다.

Tôi là Minho.
또이 라 민호
나는 민호이다.

Em là Lan.
앰 라 란
저는 란입니다.

Tôi là nhân viên công ty.
또이 라 년 비엔 꼼 띠
나는 회사원이다.

· 회화 연습 ·

A: Chào anh. Anh là ai?
짜오 아잉 아잉 라 아이

B: Chào chị. Tôi là Minho.
짜오 찌 또이 라 민호

A: À! Anh là bạn của Lan, phải không?
아 아잉 라 반 꾸어 란 파이 콤

B: Vâng, đúng rồi ạ.
벙 뚱 로이 아

A: 안녕하세요. 누구세요?

B: 안녕하세요. 저는 민호입니다.

A: 아! 란 씨의 친구, 맞죠?

B: 네, 맞아요.

· 선생님 한마디 ·

이름뿐만 아니라 'là' 뒤에 직업 등과 같은 명사를 넣어서 사용해도 됩니다.

예 Tôi là giáo viên.
나는 선생님이다.

· 응용 패턴 ·

~ là ai? : ~ 누구니?

Anh là ai?
당신은 누구세요?

Cô ấy là ai?
그녀는 누구예요?

~의 이름은 ~이다

Tên của ~ là ~

뗀 꾸어 라

🎧 MP3 096

'Tên của ~ là ~'는 '자신의 이름' 또는 '다른 사람의 이름'을 말하고 싶을 때 '~의 이름은 ~이다'라는 의미의 표현입니다. 'là'를 중심으로 'là' 앞에 '말하려는 대상'이 오고, 'là' 뒤에 '이름'이 나오는 구조입니다.

패턴 구조

Tên của + 말하려는 대상 + là + 이름 　　~의 이름은 ~이다

패턴 연습

Tên của tôi là Minho. 뗀　꾸어 또이 라　민호	내 이름은 민호이다.
Tên của cô ấy là Lan. 뗀　꾸어 꼬 에이 라 란	그녀의 이름은 란이다.
Tên của mẹ tôi là Hoa. 뗀　꾸어 매 또이 라 화	우리 어머니의 이름은 화이다.
Tên của ngân hàng này là Shinhan. 뗀　꾸어 응언　항 나이 라　신한	이 은행의 이름은 신한이다.

회화 연습

A: Chào anh. Tên của tôi là Mai.
　 짜오 아잉 뗀 꾸어 또이 라 마이

B: Chào Mai. Tôi là Minho.
　 짜오 마이 또이 라 민호

A: Rất vui được gặp anh.
　 럴 부이 뜨억 갑 아잉

B: Tôi cũng vậy.
　 또이 꿈 베이

A: 안녕하세요. 제 이름은 마이입니다.

B: 마이 씨, 안녕하세요. 저는 민호예요.

A: 만나서 반갑습니다.

B: 저도요.

선생님 한마디

'Tên của ~ là ~' 패턴에서 'của'는 생략 가능합니다.

📝 Tên tôi là Hoa.
　 내 이름은 화이다.

새 단어

tên　n. 이름
trường　n. 학교

응용 패턴

Tên của ~ là gì? : ~의 이름은 무엇이니?

Tên của anh là gì?　　　당신의 이름은 무엇이니?
Tên của trường này là gì?　이 학교의 이름은 무엇이니?

Pattern 3

~는 이름이 ~이다

~ tên là ~

떼 라

패턴·회화 연습 듣기

🎧 MP3 097

'~ tên là ~'는 'Tên của ~ là ~'에서 'của'가 생략되고 'tên'과 'là'가 결합하면서 'tên là'를 중심으로 앞에 '대상'이 오고, 뒤에 '이름'이 오는 구조입니다. 뜻은 'Tên của ~ là ~'와 의미적으로는 같으나, '~ tên là ~'가 조금 더 문어체에 가깝습니다.

패턴 구조   대상 + tên là + 이름   ~는 이름이 ~이다

패턴 연습

Tôi tên là Lan.
또이 떼 라 란

나는 이름이 란이다.

Cô ấy tên là Hoa.
꼬 에이 떼 라 화

그녀는 이름이 화이다.

Nhà hàng này tên là 'Hoa Sen'.
냐 항 나이 떼 라 화 샌

이 레스토랑은 이름이 '연꽃'이다.

Phim này tên là 'Người nhện'.
핌 나이 떼 라 응어이 녠

이 영화는 이름이 '스파이더 맨'이다.

회화 연습

A: Anh đang làm gì?
아잉 땅 람 찌

B: Anh đang xem phim.
아잉 땅 쌤 핌

A: Phim này tên là gì?
핌 나이 떼 라 찌

B: Phim này tên là 'Phép thuật'.
핌 나이 떼 라 팹 투얻

A: 뭐 하고 있어요?

B: 영화를 보고 있어요.

A: 이 영화는 이름이 뭐예요?

B: 이 영화는 이름이 '마법'이에요.

선생님 한마디

물건이나 장소의 이름을 말할 때 'tên là' 대신 'gọi là'로 바꿔서 사용할 수도 있습니다.

새 단어

hoa sen *n.* 연꽃
người nhện *n.* 스파이더 맨
phép thuật *n.* 마법
chùa *n.* 절

응용 패턴

~ gọi là ~ : ~을 ~(이)라고 한다

Hoa này gọi là 'hoa sen'.   이 꽃을 '연꽃'이라고 한다.

Chùa này gọi là 'chùa Hương'.   이 절을 '흐엉 절'이라고 한다.

~는 ~나라 사람이다

~ là người ~
라 응어이

패턴·회화 연습 듣기

🎧 MP3 098

'~ là người ~'는 '자신의 국적이나 다른 사람의 국적'을 말하고 싶을 때 '~는 ~나라 사람이다'는 의미의 표현입니다.
'là người'를 중심으로 'là người' 앞에 '주어'가 오고, 뒤에 '국가명'이 오는 구조입니다.

패턴 구조 주어 + là người + 국가명　　~는 ~나라 사람이다

패턴 연습

Tôi là người Việt Nam.
또이 라 응어이 비엔 남

나는 베트남 사람이다.

Minho là người Hàn Quốc.
민호　라 응어이　한　꿕

민호는 한국 사람이다.

Cô ấy là người Mỹ.
꼬 에이 라 응어이 미

그녀는 미국 사람이다.

Họ là người Anh.
허 라 응어이 아잉

그들은 영국 사람이다.

회화 연습

A: Xin chào. Tôi là người Hàn Quốc.
　 씬　 짜오 또이라 응어이　한　꿕

B: Chào chị. Tôi là người Mỹ.
　 짜오　찌　또이라 응어이　미

Chị biết nói tiếng Việt không?
찌　비엗 너이 띠엥　비엗　콤

A: Tôi có thể nói một chút.
　 또이 꺼 테 너이 몯 쭏

A: 안녕하세요. 저는 한국 사람이에요.

B: 안녕하세요. 저는 미국 사람이에요.

베트남어를 할 줄 아세요?

A: 조금 할 수 있어요.

선생님 한마디

어떤 대상이 어느 나라 사람이 아니라고 부정할 때 「~ không phải là người+국가명」 구조를 사용하면 됩니다.

새단어

một chút *adv.* 조금

응용 패턴

~ không phải là người + 국가명 : ~는 ~나라 사람이 아니다

Tôi không phải là người Úc.
Cô ấy không phải là người Nga.

나는 호주 사람이 아니다.
그녀는 러시아 사람이 아니다.

Pattern 5

~는 ~로 일을 한다

~ làm ~
람

패턴·회화 연습 듣기

🎧 MP3 099

'~ làm ~'은 본인이나 다른 사람의 일을 소개하고 싶을 때, '~는 ~로 일을 한다'는 의미의 표현입니다. 'làm'을 중심으로 'làm' 앞에 '주어'가 오고, 뒤에 '직업명'이 오는 구조입니다. 'làm'은 '~하다'의 의미가 있지만, 명사와 결합하면 '그 일을 한다'는 뜻으로 표현됩니다.

| 패턴 구조 | 주어 + làm + 직업명 | ~는 ~일을 한다 |

패턴 연습

Tôi làm bác sĩ.	나는 의사로 일을 한다.
또이 람 박 시	
Anh ấy làm kỹ sư.	그는 기술자로 일을 한다.
아잉 어이 람 끼 스	
Chị tôi làm giáo viên.	우리 언니는 선생님으로 일을 한다.
찌 또이 람 짜오 비엔	
Mẹ tôi làm nội trợ.	우리 엄마는 주부이다.
매 또이 람 노이 쩌	

회화 연습

A: Minho là học sinh, phải không?
민호 라 헙 싱 파이 콤

B: Không. Em làm nhân viên ngân hàng.
콤 앰 람 년 비엔 응언 항

A: Thì ra là vậy!
티 라 라 베이

B: Còn chị?
껀 찌

A: 민호 씨는 학생, 맞죠?

B: 아니요. 저는 은행원이에요.

A: 그렇군요!

B: 누나는요?

선생님 한마디

'làm' 대신에 'là(이다)'로 바꿔서 사용할 수도 있습니다.
예) Tôi là giáo viên.
나는 선생님이다.

새 단어

học sinh *n.* 학생
thì ra là vậy! 그렇군요!

응용 패턴

| ~ làm nghề / việc gì? : ~는 무슨 일을 하니? |

| Em làm nghề gì? | 너는 무슨 일을 하니? |
| Cô ấy làm việc gì? | 그녀는 무슨 일을 하니? |

172　패턴의 법칙 베트남어 첫걸음

Pattern 6

~는 ~에서 일한다

~ làm việc ở ~
람 비엑 어

패턴·회화 연습 듣기

🎧 MP3 100

'~ làm việc ở ~'는 어디에서 일하는지 상대방에게 알려주고 싶을 때 사용합니다. 'làm việc ở'를 중심으로 'làm việc ở' 앞에 '주어'가 오고, 뒤에 '장소'가 오는 구조입니다. 여기서 'làm việc(일한다)'과 'ở(~에서)'가 결합해서 '~는 ~에서 일한다'는 뜻을 가집니다.

· 패턴 구조 ·	주어 + làm việc ở + 장소	~는 ~에서 일한다

· 패턴 연습 ·

Tôi làm việc ở Hàn Quốc.
또이 람 비엑 어 한 꿕

나는 한국에서 일한다.

Bạn gái tôi làm việc ở ngân hàng.
반 가이 또이 람 비엑 어 응언 항

내 여자친구는 은행에서 일한다.

Minho làm việc ở công ty Việt Nam.
민호 람 비엑 어 꼼 띠 비엗 남

민호는 베트남 회사에서 일한다.

Chúng tôi làm việc ở lãnh sự quán.
쭘 또이 람 비엑 어 라잉 스 관

우리는 영사관에서 일한다.

· 회화 연습 ·

A: Hoa làm việc ở công ty, phải không?
화 람 비엑 어 꼼 띠 파이 콤

B: Không. Em làm việc ở trường.
콤 앰 람 비엑 어 쯔엉

A: Em làm nghề gì?
앰 람 응에 찌

B: Em làm giáo viên.
앰 람 짜오 비엔

A: 화 씨는 회사에서 일해요, 맞죠?

B: 아니요. 저는 학교에서 일해요.

A: 무슨 일을 해요?

B: 저는 선생님으로 일해요.

· 선생님 한마디 ·

'làm việc ở'는 'việc'이 생략될 수 있으며, 'ở' 대신 'tại'로 바꿔서 사용할 수도 있습니다.

📝 Tôi làm tại Việt Nam.
나는 베트남에서 일한다.

· 새단어 ·

bạn gái *n.* 여자친구
lãnh sự quán *n.* 영사관

· 응용 패턴 ·

~ làm (việc) ở đâu? : ~는 어디에서 일하니?

Em làm việc ở đâu?   너는 어디에서 일하니?

Anh ấy làm việc ở đâu?   그는 어디에서 일하니?

Pattern 7

~는 ~세(살)이다

~ tuổi

뚜오이

패턴·회화 연습 듣기

🎧 MP3 101

'tuổi'는 '나이'라는 뜻으로 누구의 나이인지 그 대상이 먼저 나오고, 'tuổi' 바로 앞에 숫자가 나오는 구조입니다. '~는 ~살이다'라는 뜻을 가집니다.

· 패턴 구조 ·	주어 + (나이) 숫자 + tuổi	~는 ~세(살)이다

· 패턴 연습 ·

Tôi 25 tuổi.
또이 하이 므어이 람 뚜오이

나는 25살이다.

Minho 34 tuổi.
민호　　바 므어이 본 뚜오이

민호는 34살이다.

Mẹ tôi năm nay 56 tuổi.
매　또이　남　나이　남 므어이 사우 뚜오이

우리 어머니는 올해 56세이다.

Bà tôi đã hơn 60 tuổi.
바　또이　따　헌　사우 므어이 뚜오이

우리 할머니는 60세가 넘었다.

· 회화 연습 ·

A: Người này là ai?
응어이　나이　라 아이

B: Là bạn trai tôi.
라　반 짜이 또이

A: Anh ấy bao nhiêu tuổi?
아잉　에이 바우　니에우 뚜오이

B: Anh ấy 30 tuổi.
아잉　에이 바 므어이 뚜오이

A: 이 사람은 누구예요?

B: 제 남자친구예요.

A: 그는 몇 살이에요?

B: 그는 30살이에요.

선생님 한마디

다른 사람의 나이를 물을 때 'bao nhiêu tuổi'나 'mấy tuổi'라는 표현을 사용할 수 있는데, 'mấy'는 주로 자신보다 나이가 적거나 신분이 낮은 사람의 나이를 물을 때 사용합니다.

새단어

năm nay *n.* 올해
hơn *v.* 넘다

· 응용 패턴 ·

~ bao nhiêu tuổi? : ~는 몇 살이니?

Chị bao nhiêu tuổi?　　　언니/누나는 몇 살이에요?

Bà ấy bao nhiêu tuổi?　　그 할머니는 나이가 어떻게 되세요?

Pattern 8

~는 ~띠다
~ tuổi (con) ~
뚜오이 껀

패턴·회화 연습 듣기

🎧 MP3 102

베트남 사람들은 '음력'을 많이 사용합니다. 그래서 '나이, 날짜'를 말할 때 '간지'와 '음력'을 사용하는 경우가 많습니다. 'tuổi (con)'는 '~띠'라는 뜻으로, 'tuổi (con)' 뒤에 띠의 종류를 넣어 '~는 ~띠다'라는 의미로 표현됩니다. 띠를 말할 때는 한자어를 사용해도 되고 순 베트남어를 사용해도 됩니다.

| 패턴 구조 | 주어 + tuổi (con) + 띠 | ~는 ~띠다 |

패턴 연습

Tôi tuổi Dậu.
또이 뚜오이 여우
나는 유(닭)띠다.

Cô ấy tuổi con gà.
꼬 에이 뚜오이 껀 가
그녀는 닭띠다.

Hoa tuổi Thân.
화 뚜오이 턴
화는 신(원숭이)띠다.

Em tuổi Hợi.
앰 뚜오이 허이
나는 해(돼지)띠다.

회화 연습

A: Chồng chị tuổi Sửu.
쫌 찌 뚜오이 스우

B: Còn chị?
껀 찌

A: Chị tuổi con gà.
찌 뚜오이 껀 가

B: Chị của em cũng tuổi con gà.
찌 꾸어 앰 꿈 뚜오이 껀 가

A: 우리 남편은 축(소)띠야.

B: 누나는요?

A: 나는 닭띠야.

B: 우리 누나도 닭띠예요.

선생님 한마디

'Dậu(유), Mùi(미)'와 같은 한자어 띠를 사용할 때는 '~ tuổi ~'만 사용할 수 있고, 'gà(닭), dê(양)'와 같이 순 베트남어 띠를 사용할 때는 '~ tuổi con ~'으로 표현할 수 있습니다.

새 단어

chồng n. 남편

응용 패턴

~ tuổi con gì? : ~ 무슨 띠니?

Anh tuổi con gì?
당신은 무슨 띠예요?

Chị ấy tuổi con gì?
그 언니는 무슨 띠예요?

~는 ~년생이다

~ sinh năm ~
싱 남

패턴·회화 연습 듣기

🎧 MP3 103

'~ sinh năm ~'은 나이를 정확히 알려주고 싶을 때 사용하는 표현입니다. 'sinh năm' 앞에 '주어'가 오고 뒤에 연도가 오는 구조로 '~는 ~년생이다'라는 의미를 가집니다. 특이한 점은 몇 연생인지를 말할 때, 전체 연도를 말하지 않고 뒤의 두 자리만을 말합니다.

· 패턴 구조 ·	
주어 + sinh năm + 연도	~는 ~년생이다

· 패턴 연습 ·

Tôi sinh năm 86.
또이 싱 남 땀 사우

나는 86년생이다.

Minho sinh năm 90.
민호 싱 남 찐 므어이

민호는 90년생이다.

Mẹ tôi sinh năm 63.
매 또이 싱 남 사우 바

우리 어머니는 63년생이다.

Cô Lee sinh năm 79.
꼬 리 싱 남 바이 찐

이 선생님은 79년생이다.

· 회화 연습 ·

A: Em tên là Hoa. Em sinh năm 96.
앰 뗀 라 화 앰 싱 남 찐 사우

B: Chào em. Anh là Minho.
짜오 앰 아잉 라 민호

A: Anh Minho sinh năm 90, phải không?
아잉 민호 싱 남 찐 므어이 파이 콤

B: Ừ.
으

A: 저는 이름이 화예요. 96년생이에요.

B: 안녕. 나는 민호야.

A: 민호 씨는 90년생이에요, 맞죠?

B: 응.

· 선생님 한마디 ·

숫자를 읽을 때 한 글자씩 읽기도 하지만, '90'과 같은 경우는 십 단위로 읽습니다.

예) 읽는 방법
63년생 → 육삼년생/육십삼년생
90년생 → 구십년생

· 새 단어 ·

sinh năm ~   v. ~년에 태어났다

· 응용 패턴 ·

~ sinh năm bao nhiêu? : ~는 몇 연생이니?

Anh sinh năm bao nhiêu?   당신은 몇 연생이에요?

Chú sinh năm bao nhiêu?   아저씨는 몇 연생이세요?

~의 연생은 ~이다

Năm sinh của ~ là ~
남   싱   꾸어   라

패턴·회화 연습 듣기

🎧 MP3 104

'năm sinh của ~ là ~'는 본인이나 어떤 사람의 연생을 숫자로 말하고 싶을 때 사용하는 패턴 표현입니다. 'của' 뒤에 대상이 오고 'là' 뒤에는 연도가 오는 구조로 '~의 연생은 ~이다'라는 의미를 가집니다.

패턴 구조 Năm sinh của + 대상 + là + 연도   ~의 연생은 ~이다

패턴 연습
Năm sinh của **tôi** là 1986.   나의 연생은 1986이다.
남   싱   꾸어 또이 라 몯 찐 땀 사우

Năm sinh của **cô ấy** là 1993.   그녀의 연생은 1993이다.
남   싱   꾸어 꼬 에이 라 몯 찐 찐 바

Năm sinh của **mẹ tôi** là 1964.   우리 어머니의 연생은 1964이다.
남   싱   꾸어 매 또이 라 못 찐 사우 본

회화 연습

A: **Anh 29 tuổi, phải không?**
아잉   하이 므어이 찐 뚜오이, 파이 콤

B: **Không, tôi 28 tuổi.**
콤   또이 하이 므어이 땀 뚜오이

Năm sinh của tôi là 1991.
남   싱   꾸어 또이 라 몯 찐 찐 몯

A: 당신은 29살이죠, 맞죠?
B: 아니요, 저는 28살이에요.
제 연생은 1991이에요.

선생님 한 마디

'19○○년생'의 경우, 뒤의 두 숫자만 말하는 경우도 많습니다.
예) Năm sinh của Minho là 87.
민호의 연생은 87이다.

응용 패턴

Năm sinh của ~ là bao nhiêu? : ~ 연생은 몇 년이에요?

Năm sinh của em là bao nhiêu?   너의 연생은 몇 년이에요?
Năm sinh của cô Lee là bao nhiêu?   이 선생님의 연생은 몇 년이에요?

베트남어의 날짜와 시간은 한국어와 어순이 조금 다릅니다. 시간을 어떻게 묻고 답하는지 패턴으로 학습해 보세요. 패턴을 익히기 전에 '핵심 어휘'를 익혀두면 패턴 학습이 훨씬 쉬워집니다.

17장

날짜 & 시간

• 날짜

어휘	뜻	어휘	뜻
ngày tháng 응아이 탕	날짜	tháng trước 탕 쯔억	지난달
ngày 응아이	일	tháng này 탕 나이	이번 달
tháng 탕	월/달	tháng sau 탕 사우	다음 달
năm 남	해/년	đầu tháng 떠우 탕	월초
tuần 뚜언	주	giữa tháng 쯔어 탕	월중
cuối tuần 꾸어이 뚜언	주말	cuối tháng 꾸어이 탕	월말
thứ 트	요일	thứ Hai 트 하이	월요일
hôm nay 홈 나이	오늘	thứ Ba 트 바	화요일
hôm qua 홈 과	어제	thứ Tư 트 뜨	수요일
ngày mai 응아이 마이	내일	thứ Năm 트 남	목요일
ngày mốt / ngày kia 응아이 몯 / 응아이 끼어	모레	thứ Sáu 트 사우	금요일
năm nay 남 나이	올해/금년	thứ Bảy 트 바이	토요일
năm ngoái / năm trước 남 응와이 / 남 쯔억	작년/지난해	Chủ Nhật 쭈 녇	일요일
năm tới / năm sau 남 떠이 / 남 사우	내년/다음 해	tháng Tư 탕 뜨	4월
đầu năm 떠우 남	연초	lịch 릭	달력
cuối năm 꾸어이 남	연말	dương lịch 으영 릭	양력
năm nhuần / năm nhuận 남 뉴언 / 남 뉴언	윤년	âm lịch 엄 릭	음력

- 시간

어휘	뜻	어휘	뜻
thời gian 터이 짠	시간*	sáng 상	아침/오전
giờ 쩌	시	trưa 쯔어	점심
phút 풋	분	chiều 찌에우	오후 (2시~5시쯤)
giây 쩨이	초	tối 또이	저녁
tiếng (đồng hồ) 띠엥 똠 호	시간*	ban đêm / đêm 반 뗌 / 뗌	밤
rưỡi 르어이	반	trước 쯔엉	전(앞)*
kém 깸	전*	sau 사우	후
khuya / đêm khuya 퀴어 / 뗌 퀴어	깊은 밤	bình minh / sáng sớm 빙 밍 / 상 섬	새벽

Tip 같은 뜻 다른 의미

- thời gian : 해석 그대로 '시간'을 나타내는 고유명사입니다.
- tiếng (đồng hồ) : '1시간, 2시간'할 때의 '시간'을 의미하는 단위명사입니다.

- kém : 시간을 나타낼 때 사용하는 표현으로, '몇 시간/분 전'이란 표현의 '~전'을 의미합니다.
- trước : 어느 시점의 '앞'을 나타내는 표현으로, '12시 전에, 식사 전'이란 표현의 '~전'을 의미합니다.

~하기 전에

trước khi ~

쯔억   키

🎧 MP3 105

'trước khi'는 '~하기 전에'라는 의미의 표현입니다. 'trước khi' 바로 뒤에 '~하기 전에'를 꾸며주는 행위가 나오면서 '그 행위를 하기 전에'라는 의미를 가집니다.

패턴 구조	trước khi ~	~하기 전에

패턴 연습

trước khi **ăn**
쯔억   키 안

먹기 전에

trước khi **ngủ**
쯔억   키 응우

자기 전에

Trước khi **ngủ**, tôi xem phim.
쯔억   키 응우 또이 쌤 핌

자기 전에, 나는 영화를 본다.

Tôi uống nước trước khi **ăn** cơm.
또이 우엉 느억 쯔억   키 안 껌

나는 밥을 먹기 전에 물을 마신다.

회화 연습

A: Trước khi ngủ, anh thường làm gì?
쯔억   키 응우 아잉   트엉   람 찌

B: Anh thường uống sữa.
아잉   트엉   우엉 스어

A: Anh có ăn khuya không?
아잉   꺼 안 퀴어 콤

B: Không. Anh không ăn.
콤   아잉   콤 안

A: 자기 전에, 보통 뭐해요?

B: 나는 보통 우유를 마셔요.

A: 야식을 먹나요?

B: 아니요. 안 먹어요.

선생님 한마디

~하기전에 무엇을 하는지의 행위는 'trước khi' 앞에 올수도 있고, 뒤에 올 수도 있습니다.

응용 패턴

trước ~ : ~ 전

trước công nguyên   기원 전

trước tiết học   수업 전

~한 후에

sau khi ~

사우 키

패턴·회화 연습 듣기

🎧 MP3 106

'sau khi'는 '~한 후에'라는 뜻으로, 'sau khi' 바로 뒤에 '~후에'를 꾸며주는 행위가 나오면서 '그 행위를 한 후에'라는 의미를 가집니다.

패턴 구조

sau khi ~   ~한 후에

패턴 연습

sau khi **chia tay** 사우 키 찌어 따이	헤어진 후에
sau khi **gặp anh ấy** 사우 키 갑 아잉 에이	그를 만난 후에
Sau khi **ăn cơm, tôi uống thuốc.** 사우 키 안 껌 또이 우엉 투억	밥을 먹은 후에, 나는 약을 먹는다.
Tôi đã về nhà sau khi **tan ca.** 또이 따 베 냐 사우 키 딴 까	나는 퇴근한 후에 집에 들어왔다.

회화 연습

A: Sau khi tan ca, anh sẽ làm gì?
　 사우 키 딴 까 아잉 새 람 찌

B: Tôi sẽ đi xem phim.
　 또이 새 띠 쌤 핌

A: Sau đó anh sẽ làm gì?
　 사우 떠 아잉 새 람 찌

B: Tôi định ghé siêu thị.
　 또이 띵 개 시에우 티

A: 퇴근한 후에, 뭐 할 거예요?

B: 영화보러 갈 거예요.

A: 그 다음에는 뭐 할 거예요?

B: 마트에 들르려고 해요.

선생님 한마디

'sau khi'도 'trước khi'와 마찬가지로 어떤 행위를 한 후에 나타나는 행위가 'sau khi' 앞에 올 수도 있고, 뒤에 올 수도 있습니다.

새 단어

sau đó *adv.* 그 다음에, 그 후에
ghé *v.* 들르다
học kỳ *n.* 학기

응용 패턴

sau ~ : ~ 후

sau công nguyên	기원 후
sau học kỳ này	이번 학기 후

오늘은 ~월 ~일이다
Hôm nay là ngày ~ tháng ~
홈 나이 라 응아이 탕

🎧 MP3 107

베트남어에서는 날짜를 말할 때 '작은 범위에서 큰 범위'로 말하는 것을 원칙으로 합니다. 'ngày' 뒤에 '일(日)'을 가리키는 숫자가 나오고 'tháng' 뒤에는 일(日)보다 큰 범위인 '월(月)'을 가리키는 숫자가 옵니다. 이 패턴 구조를 사용하면 날짜를 쉽게 표현할 수 있습니다.

· 패턴 구조 · Hôm nay là ngày + 일 + tháng + 월   오늘은 ~월 ~일이다

· 패턴 연습 · Hôm nay là ngày 26 tháng Một.   오늘은 1월 26일이다.
홈 나이 라 응아이 하이 므어이 사우 탕 몯

Hôm nay là ngày 24 tháng Tư.   오늘은 4월 24일이다.
홈 나이 라 응아이 하이 므어이 본 탕 뜨

Hôm qua là ngày 17 tháng Tám.   어제는 8월 17일이다.
홈 과 라 응아이 므어이 바이 탕 땀

· 회화 연습 ·

A: Sinh nhật em là khi nào?
싱 녇 앰 라 키 나오

B: Ngày 14 tháng 2.
응아이 므어이 본 탕 하이

A: Hôm nay là ngày 12 tháng 2.
홈 나이 라 응아이 므어이 하이 탕 하이

B: Đúng rồi.
둠 로이

A: 년 생일이 언제야?

B: 2월 14일이에요.

A: 오늘은 2월 12일이네.

B: 맞아요.

· 선생님 한마디 ·
'hôm nay'(오늘)의 대체 표현으로 'hôm qua'(어제), 'ngày mai'(내일)와 같은 다른 표현으로 바꿔서 사용할 수도 있습니다. 또한, 시제와 상관없이 이 문형을 그대로 사용할 수 있습니다.

· 새단어 ·
sinh nhật *n.* 생일

· 응용 패턴 ·

~ là ngày mấy tháng mấy? : ~는 몇 월 며칠이니?

Hôm nay là ngày mấy tháng mấy?   오늘은 몇 월 며칠이니?
Sinh nhật anh là ngày mấy tháng mấy?   생일은 몇 월 며칠이에요?

~은 몇 년이니?

~ là năm mấy?
라 남 메이

패턴·회화 연습 듣기

🎧 MP3 108

'~ là năm mấy?'는 올해나 작년, 내년이 '몇 년도인지' 알고 싶을 때, 'là năm mấy' 앞에 '시점'이나 '사건'을 가리키는 말이 나오는 구조로 '~은 몇 년이니?'라는 의미를 가집니다.

패턴 구조 시점/사건 + là năm mấy? ~은 몇 년이니?

패턴 연습

Năm nay là năm mấy?
남 나이 라 남 메이
올해는 몇 년이니?

Năm ngoái là năm mấy?
남 응와이 라 남 메이
작년은 몇 년이니?

Năm sau là năm mấy?
남 사우 라 남 메이
다음 해는 몇 년이니?

Năm sinh của anh là năm mấy?
남 싱 꾸어 아잉 라 남 메이
당신의 생년은 몇 년이니?

회화 연습

A: Năm thành lập công ty là năm mấy?
남 타잉 럽 꼼 띠 라 남 메이

B: Năm 1990.
남 몯 찐 찐 므어이

A: Ngày mấy tháng mấy?
응아이 메이 탕 메이

B: Em không biết.
앰 콤 비엗

A: 회사가 설립된 해는 몇 년이죠?
B: 1990년이에요.
A: 몇 월 며칠이에요?
B: 모르겠어요.

선생님 한마디

'1990'과 같이 년(年)을 읽을 때 천, 백, 십 단위로 읽을 수도 있고 숫자를 하나씩 읽을 수도 있습니다.

* 연도 읽는 방법
예) 1990 → 천구백구십
→ 일구구십
1993 → 천구백구십삼
→ 일구구삼

새단어

thành lập v. 설립하다

응용 패턴

~ là năm bao nhiêu? : ~은 몇 년이니?

Năm nay là năm bao nhiêu? 올해는 몇 년이니?

Hai năm sau là năm bao nhiêu? 2년 후는 몇 년이니?

~은 무슨 요일이니?

~ là thứ mấy?
라 트 메이

패턴·회화 연습 듣기

🎧 MP3 109

'~ là thứ mấy?'는 요일을 물어 볼 때 사용하는 표현으로, 'là thứ mấy?' 앞에 묻는 요일이 언제인지(시점)를 넣으므로 '~은 무슨 요일이니?'라는 뜻의 표현으로 나타냅니다.

· 패턴 구조 ·   시점 + là thứ mấy?   ~은 무슨 요일이니?

· 패턴 연습 ·   **Hôm nay** là thứ mấy?   오늘은 무슨 요일이니?
홈   나이 라 트 메이

Ngày mai là thứ mấy?   내일은 무슨 요일이니?
응아이 마이 라 트 메이

3 ngày trước là thứ mấy?   3일 전은 무슨 요일이니?
바 응아이 쯔억 라 트 메이

Hội thảo là thứ mấy?   세미나는 무슨 요일이니?
호이 타오 라 트 메이

· 회화 연습 ·

A: **Tuần này có họp không?**
    뚜언 나이 꺼 헙 콤

B: **Có. Ngày 25.**
    꺼   응아이 하이 므어이 람

A: **Ngày 25 là thứ mấy?**
    응아이 하이 므어이 람 라 트 메이

B: **Thứ Sáu.**
    트   사우

A: 이번 주에 회의가 있나요?

B: 네. 25일이요.

A: 25일은 무슨 요일이죠?

B: 금요일이요.

선생님 한마디

'mấy(얼마)'와 'bao nhiêu(얼마나, 얼마에)'는 부사로써 서로 대체가 가능하지만, 'thứ(요일)'가 앞에 올 경우에는 'mấy'만 사용할 수 있습니다.

예) Có bao nhiêu người?
= Có mấy người?
몇 명이 있어요?

새단어

hội thảo *n.* 세미나
họp *v.* 회의하다
kết thúc
n./v. 마무리/마치다, 끝내다

· 응용 패턴 ·

Thứ mấy là ~ : 무슨 요일이 ~이니?

Thứ mấy là sinh nhật em?   무슨 요일이 네 생일이니?

Thứ mấy là kết thúc?   무슨 요일이 마감이니?

지금은 ~시다

Bây giờ là ~ giờ
베이 쩌 라 쩌

패턴·회화 연습 듣기 · MP3 110

'Bây giờ là ~ giờ'는 '지금이 몇 시인지' 말하고 싶을 때 사용하는 표현으로, 'bây giờ(지금)'와 'giờ(시)'가 결합하여 '지금은 ~시다'라는 의미를 나타냅니다.

패턴 구조 Bây giờ là + 숫자(시간) + giờ   지금은 ~시다

패턴 연습

Bây giờ là 6 giờ.
베이 쩌 라 사우 쩌
지금은 6시다.

Bây giờ là 7 giờ rưỡi.
베이 쩌 라 바이 쩌 르어이
지금은 7시 반이다.

Bây giờ là 9 giờ sáng.
베이 쩌 라 찐 쩌 사앙
지금은 오전 9시다.

Bây giờ là 8 giờ 15 phút tối.
베이 쩌 라 땀 쩌 므어이 람 푿 또이
지금은 저녁 8시 15분이다.

회화 연습

A: Bây giờ là 5 giờ phải không?
베이 쩌 라 남 쩌 파이 콤

B: Bây giờ là 5 giờ kém 15.
베이 쩌 라 남 쩌 깸 므어이 람

A: 5 giờ rưỡi em sẽ tan ca.
남 쩌 르어이 앰 새 딴 까

B: Anh cũng vậy.
아잉 꿈 베이

A: 지금은 5시죠?
B: 지금은 5시 15분 전이에요.
A: 5시 반에 퇴근할 거예요.
B: 나도요.

선생님 한마디

시간을 말할 때는 한국과 마찬가지로 '시→분→초'의 순서대로 하되 '오전, 오후, 아침' 등과 같은 표현은 그 뒤에 오는 것을 원칙으로 합니다.

응용 패턴

~ là mấy giờ? : ~ 몇 시니?

Bây giờ là mấy giờ?   지금은 몇 시니?
30 phút sau là mấy giờ?   30분 뒤는 몇 시예요?

Pattern 7

~에 ~

~ lúc / vào ~

룹 바오

패턴·회화 연습 듣기

🎧 MP3 111

'~ lúc/vào ~'는 '~시점/시간에 ~행동을 한다'는 말을 하고 싶을 때 '시점/시간'과 '행동'을 연결해 주는 '~에'라는 조사입니다. 'lúc'이나 'vào'의 표현을 '행동'과 '시점/시간' 사이에 넣어 두 문장을 연결해 주는 구조로 'A(시점/시간)에 B(행동)를 한다'는 의미를 가집니다.

패턴 구조   B(행동) + lúc/ vào + A(시점/시간)   A(시점/시간)에 B(행동)를 하다

패턴 연습

lúc 10 giờ
룹 므어이 쩌
10시에

vào cuối tuần
바오 꾸어이 뚜언
주말에

Tôi ăn cơm lúc 12 giờ.
또이 안 껌 룹 므어이 하이 쩌
나는 12시에 밥을 먹는다.

Tôi gặp bạn vào cuối tuần.
또이 갑 반 바오 꾸어이 뚜언
나는 주말에 친구를 만난다.

회화 연습

A: **Em đi ngủ lúc mấy giờ?**
앰 띠 응우 룹 메이 쩌

B: **Em đi ngủ lúc 11 giờ đêm.**
앰 띠 응우 룹 므어이 몯 쩌 뎀

A: **Anh thường ngủ trễ vào cuối tuần.**
아잉 트엉 응우 쩨 바오 꾸어이 뚜언

B: **Em cũng vậy.**
앰 꿈 베이

A: 몇 시에 자요?

B: 저는 밤 11시에 자요.

A: 나는 보통 주말에 늦게 자요.

B: 저도요.

선생님 한마디

'lúc'은 보통 시간과 결합하지만, 'vào'는 시간과 그 외에 다른 표현과도 결합할 수 있으므로 'lúc'보다 사용 범위가 더 넓습니다.

새 단어

đi ngủ/ngủ *v.* 자다
kết hôn *v.* 결혼하다

응용 패턴

~ vào lúc nào? : 언제 ~하니?

Anh kết hôn vào lúc nào?   언제 결혼하니?

Chị đã gặp anh ấy vào lúc nào?   그를 언제 만났니?

Pattern 8

~부터 ~까지

từ ~ đến ~

뜨   뗀

패턴·회화 연습 듣기

🎧 MP3 112

'từ ~ đến ~'은 '~(언제)부터 ~(언제)까지' 또는 '~(어디)에서 ~(어디)까지'를 말하고 싶을 때 사용하는 표현입니다.
'từ와 'đến' 뒤에 '시간'이나 '장소'가 위치하고, '동사'는 'từ'와 'đến'의 앞과 뒤에 자유롭게 위치할 수 있습니다.

| 패턴 구조 | từ ~ đến ~ | ~부터 ~까지 |

패턴 연습

từ 2 giờ đến 3 giờ
뜨 하이 쩌 뗀 바 쩌
2시부터 3시까지

từ thứ Hai đến thứ Bảy
뜨 트 하이 뗀 트 바이
월요일부터 토요일까지

từ tháng 1 đến tháng 12
뜨 탕 몯 뗀 탕 므어이 하이
1월부터 12월까지

Tôi sẽ ở Hàn Quốc từ ngày 3 đến ngày 8.
또이 새 어 한 꿕 뜨 응아이 바 뗀 응아이 땀
나는 한국에 3일부터 8일까지 있을 예정이다.

· 회화 연습 ·

A: Anh sẽ ở Việt Nam từ ngày mấy đến ngày mấy?
아잉 새 어 비엗 남 뜨 응아이 메이 뗀 응아이 메이

B: Ngày 20 đến 24 tháng 8.
응아이 하이 므어이 뗀 하이 므어이 본 탕 땀

A: Từ thứ mấy đến thứ mấy?
뜨 트 메이 뗀 트 메이

B: Từ thứ Hai đến thứ Sáu.
뜨 트 하이 뗀 트 사우

A: 베트남에 언제부터 언제까지 있을 예정이에요?

B: 8월 20일부터 24일까지요.

A: 무슨 요일부터 무슨 요일까지요?

B: 월요일부터 금요일까지요.

새 단어

bao xa? 얼마나 머니?

· 응용 패턴 ·

| Từ ~ đến ~ : ~에서 ~까지 |

Từ nhà đến công ty bao xa?   집에서 회사까지 얼마나 멀어요?

Từ đây đến đó bao xa?   여기에서 거기까지 얼마나 멀어요?

~ 동안 ~
# ~ trong (vòng) ~
쩜   범

🎧 MP3 113

'~ trong (vòng) ~'은 어떤 일을 '얼마 동안 하는지' 말하고 싶을 때 '~동안 ~하다'라는 의미의 표현으로 사용됩니다. 여기서 'vòng'은 생략 가능하며, 'trong (vòng)' 뒤에는 '기간'이 나오고, 그 기간(시간) 동안 진행하는 행위는 'trong (vòng)' 앞과 뒤에 자유롭게 위치할 수 있습니다.

· 패턴 구조 · ~ trong (vòng) + **기간**   ~ 동안 ~

· 패턴 연습 ·
trong **1 tháng**   한 달 동안
쩜 몯 탕

trong vòng **3 tuần**   3주 동안
쩜   범 바 뚜언

Tôi học tiếng Việt trong **2 năm.**   나는 베트남어를 2년 동안 배운다.
또이 헙 띠엥 비엗 쩜 하이 남

Trong vòng **6 tháng,** tôi sẽ đi công tác.   6개월 동안 출장을 갈 것이다.
쩜   범 사우 탕 또이새 띠 꼼 딱

· 회화 연습 ·

A: Anh biết tiếng Việt không?
  아잉 비엗 띠엥 비엗 콤

B: Có. Tôi đã học trong vòng 1 năm.
  꺼 또이 따 헙 쩜 범 몯 남

A: Tiếng Việt có khó không?
  띠엥 비엗 꺼 커 콤

B: Khó lắm.
  커 람

A: 베트남어를 아세요?

B: 네. 1년 동안 배웠어요.

A: 베트남어가 어려워요?

B: 아주 어려워요.

· 선생님 한마디 ·

'trong vòng' 대신에 'trong suốt'이라는 표현을 쓸 수도 있지만 이 표현은 그 시간 '내내'라는 뜻입니다.

🔊 Trong suốt **1 tháng.**
   1개월 내내

· 응용 패턴 ·

~ **trong bao lâu?** : 얼마 동안 ~?

Anh đi trong bao lâu?   얼마 동안 가니?

Chị sẽ ở đây trong bao lâu?   여기에 얼마 동안 있을 거니?

오랜만에 ~
Lâu rồi mới ~
러우   로이   머이

'lâu rồi mới'는 '오랜만에'라는 뜻으로, 오랜만에 어떤 일을 했는지를 말할 때 사용되는 표현입니다. 'lâu rồi mới' 뒤에 '오랜만에 한 행위'를 넣으면 '오랜만에 ~하다/했다'라는 의미가 됩니다.

패턴 구조	Lâu rồi mới + 행위	오랜만에 ~하다/했다

패턴 연습

Lâu rồi mới gặp.
러우 로이 머이 갑
오랜만에 만난다.

Lâu rồi mới đi.
러우 로이 머이 띠
오랜만에 간다.

Lâu rồi mới ăn phở.
러우 로이 머이 안 퍼
오랜만에 쌀국수를 먹었다.

Lâu rồi mới xem phim Hàn Quốc.
러우 로이 머이 쌤 핌 한 꿕
오랜만에 한국 드라마를 봤다.

회화 연습

A: Em đang làm gì?
앰 땅 람 찌

B: Em đang đọc sách.
앰 땅 떱 사익

A: Lâu rồi mới thấy em đọc sách.
러우 로이 머이 테이 앰 떱 사익

B: Vâng. Lâu rồi mới có thời gian.
벙 러우 로이 머이 꺼 터이 짠

A: 뭐하고 있어?

B: 책 읽고 있어요.

A: 오랜만에 네가 책 읽는 걸 봤네.

B: 네. 오랜만에 시간이 좀 있어서요.

선생님 한마디

'lâu' 대신에 구체적인 시간을 넣어서 사용할 수도 있습니다.

예 3 tháng rồi mới gặp.
3개월 만에 만나네요.

새 단어

gọi điện thoại v. 전화하다
thấy v. 보다

응용 패턴

Lâu rồi ~ mới ~ : 오랜만에 ~가 ~

Lâu rồi em mới thấy anh.
오랜만에 내가 당신을 봤다.

Lâu rồi chị ấy mới gọi điện thoại.
오랜만에 그 언니가 전화했다.

오랜만에 ~
Lâu quá mới ~
러우 과 머이

패턴·회화 연습 듣기

🎧 MP3 115

'lâu rồi mới'와 같은 의미로 'lâu quá mới' 뒤에 '동사'를 위치시켜 '어떤 일을 오랜만에 다시 한다'는 의미의 패턴 표현입니다.

· 패턴 구조 · Lâu quá mới + 동사   오랜만에 ~하네

· 패턴 연습 ·

Lâu quá mới **ăn phở.**
러우 과 머이 안 퍼
오랜만에 쌀국수를 먹네.

Lâu quá mới **gặp anh.**
러우 과 머이 갑 아잉
오랜만에 (당신을) 만나네.

Lâu quá mới **đi chơi.**
러우 과 머이 띠 쩌이
오랜만에 놀러 가네.

Lâu quá mới **thấy cô ấy.**
러우 과 머이 테이 꼬 에이
오랜만에 그녀를 보네.

· 회화 연습 ·

A: Chào em. Lâu quá mới thấy em.
　 짜오 앰 러우 과 머이 테이 앰

B: Chào chị. Chị khỏe không?
　 짜오 찌 찌 쾌 콤

A: Chị khỏe. Còn em?
　 찌 쾌 껀 앰

B: Em cũng bình thường.
　 앰 꿈 빙 트엉

A: 안녕. 오랜만에 보네.
B: 누나 안녕하세요. 누나는 잘 지냈어요?
A: 난 잘 지내지. 너는?
B: 저는 보통이에요.

선 생 님 한 마 디

'lâu quá mới'가 어떤 일을 오랫동안 안 했지만 이제서야 하게 되었을 때를 나타내는 패턴 표현이라면, 반대로 'lâu quá không'은 어떤 일을 오랫동안 안 했다는 의미를 가집니다. 즉 'lâu quá không'의 표현을 사용할 때는 그 때까지도 그 일을 다시 하지 못했다는 의미가 됩니다.

새 단 어

thấy v. 보다, 보이다
đi chơi v. 놀러 가다

· 응용 패턴 ·

Lâu quá không + 동사 : 오랫동안 ~ 안 했네

Lâu quá không ăn bún chả.　　오랫동안 분짜를 안 먹었네.

Lâu quá không thấy anh ấy.　　오랫동안 그를 못 봤네.

Pattern 12

오랫동안 ~ 안 했다

Lâu rồi không ~

러우   로이   콤

패턴·회화 연습 듣기

🎧 MP3 116

'Lâu rồi không ~'은 어떤 일을 '오랫동안 하지 않았다'는 말을 하고 싶을 때 사용하는 표현입니다. 'không(아니)'이 이미 부정의 의미를 가졌으므로, không 뒤에 긍정적인 표현을 넣어서 사용하면 됩니다.

· 패턴 구조 ·   Lâu rồi không + 동사   오랫동안 ~ 안 했다

· 패턴 연습 ·

Lâu rồi không **ăn**.   오랫동안 안 먹었다.
러우 로이 콤 안

Lâu rồi không **nghe**.   오랫동안 안 들었다.
러우 로이 콤 응애

Lâu rồi không **đến đây**.   오랫동안 여기에 안 왔다.
러우 로이 콤 뗀 떼이

Lâu rồi không **nói tiếng Việt**.   오랫동안 베트남어를 안 했다.
러우 로이 콤 너이 띠엥 비엩

· 회화 연습 ·

A: **Lâu rồi em không xem phim.**
    러우 로이 앰 콤 쌤 핌

B: **Anh cũng vậy.**
    아잉 꿈 베이

A: **Hôm nay mình xem phim nhé?**
    홈 나이 밍 쌤 핌 내

B: **Được.**
    뜨억

A: 저는 오랫동안 영화를 안 봤어요.

B: 나도.

A: 오늘 영화 볼까요?

B: 좋아.

선생님 한마디

'Lâu rồi không'에서 'lâu'는 앞에서 학습한 'lâu rồi mới'와 같이 'lâu' 대신에 구체적인 시간을 넣어서 사용할 수도 있습니다.

예) 3 tháng **rồi không gặp**.
3개월 동안 안 만났다.

새단어

lâu *adj.* 오래되다

· 응용 패턴 ·

Đã lâu không ~ : ~ 안/못 한 지 오래됐다

Đã lâu không gặp.   안 만난 지 오래됐다.
Đã lâu không thấy anh.   당신을 못 본 지 오래됐다.

베트남은 더운 날씨로 많이 알려져 있지만 항상 덥지는 않습니다. 날씨와 계절에 대해 묻고 답하는 법을 패턴으로 학습해 보세요. 패턴을 익히기 전에 '핵심 어휘'를 익혀두면 패턴 학습이 훨씬 쉬워집니다.

18장

날씨 & 계절

• 날씨, 계절에 대한 명사

어휘	뜻	어휘	뜻
thời tiết 터이 띠엘	날씨	hạn hán 한 한	가뭄
khí hậu 키 허우	기후	sương mù 스엉 무	안개
trời 쩌이	하늘/날씨	tuyết 뚜이엗	눈 (설)
nắng / ánh nắng 낭 / 아잉 낭	햇빛	băng 방	얼음 (빙)
mưa 므어	비	sấm chớp 섬 쩝	번개
mưa rào 므어 라오	소나기	độ ẩm 또 엄	습도
mưa phùn 므어 푼	이슬비	nhiệt độ 니엗 또	기온/온도
mưa đá 므어 따	우박	mùa 무어	계절
mặt trời 맏 쩌이	해/태양	mùa xuân 무어 쑤언	봄철
mặt trăng / trăng 맏 짱 / 짱	달	mùa hè / mùa hạ 무어 해 / 무어 하	여름철
mây 메이	구름	mùa thu 무어 투	가을철
sao 사우	별	mùa đông 무어 똠	겨울철
gió 쩌	바람	mùa nắng 무어 낭	건기
bão 바오	태풍	mùa mưa 무어 므어	우기
lũ lụt 루 룯	홍수	cầu vồng 꺼우 범	무지개

• 날씨, 계절에 대한 동사/형용사

어휘	뜻	어휘	뜻
nắng 낭	햇빛이 있다	nóng 넘	덥다
mưa 므어	비가 오다	lạnh 라잉	춥다
đẹp 땝	예쁘다/좋다	mát mẻ 맏 매	시원하다
xấu 써우	못생겼다/나쁘다	se se lạnh 새 새 라잉	쌀쌀하다
quang đãng 광 땅	화창하다	ẩm / ẩm thấp 엄 / 엄 텁	습하다
trong xanh 쩜 싸잉	맑고 푸르다	gió thổi 쩌 토이	바람이 불다
âm u 엄 우	흐리다	sét đánh 샏 따잉	번개가 치다
tối sầm 또이 섬	캄캄하다	sương mù giăng 스엉 무 짱	안개가 끼다

Pattern 1

오늘은 날씨가 ~

Thời tiết hôm nay ~
터이   띠엔   홈   나이

패턴·회화 연습 듣기

🎧 MP3 117

'thời tiết hôm nay'는 오늘 날씨에 대해서 묻거나 말하고 싶을 때, '오늘은 날씨가 ~다'는 의미의 표현입니다. 'thời tiết hôm nay' 뒤에 날씨 상태를 표현하는 '형용사'나 '동사'가 올 수 있습니다.

· 패턴 구조 ·   Thời tiết hôm nay ~   오늘은 날씨가 ~

· 패턴 연습 ·   Thời tiết hôm nay **đẹp.**   오늘은 날씨가 **좋다.**
                    터이 띠엔 홈 나이 땝

                    Thời tiết hôm nay **nóng.**   오늘은 날씨가 **덥다.**
                    터이 띠엔 홈 나이 넘

                    Thời tiết hôm nay **thế nào?**   오늘은 날씨가 **어떠니?**
                    터이 띠엔 홈 나이 테 나오

                    Thời tiết ngày mai **sẽ lạnh.**   내일은 날씨가 **추울 것이다.**
                    터이 띠엔 응아이 마이 새 라잉

· 회화 연습 ·

A: Thời tiết hôm nay thế nào?
   터이 띠엔 홈 나이 테 나오

B: Hôm nay mưa và hơi lạnh.
   홈   나이 므어 바 허이 라잉

A: Còn ngày mai?
   껀 응아이 마이

B: Ngày mai trời quang đãng.
   응아이 마이 쩌이 광   땅

A: 오늘은 날씨가 어때요?

B: 오늘은 비가 오고 조금 추워요.

A: 내일은요?

B: 내일은 화창해요.

선생님 한마디

1. 'hôm nay(오늘)' 대신에 'hôm qua(어제)', 'ngày mai(내일)'와 같은 표현으로 대체 가능합니다.

2. 일반 대화에서는 'thời tiết' 보다 'trời'라는 표현을 더 많이 사용합니다.

· 응용 패턴 ·

> **trời ~** : 날씨가 ~/하늘이 ~

Trời nóng.   날씨가 덥다.

Trời âm u.   날씨가 흐리다.

~의 날씨가 어떠니?
Thời tiết ~ như thế nào?
터이 띠엔 느 테 나오

'Thời tiết ~ như thế nào?'는 어떤 '지역 또는 나라의 날씨'에 대해 궁금할 때 쓰는 표현으로 'thời tiết'과 'như thế nào?' 사이에 '지역/나라명'을 넣어서 '~(지역/나라)의 날씨가 어때요?'라는 의미를 나타냅니다.

패턴 구조 Thời tiết + 지역/국명 + như thế nào? ~의 날씨가 어떠니?

패턴 연습

Thời tiết **Việt Nam** như thế nào? 베트남의 날씨가 어떠니?
터이 띠엔 비엔 남 느 테 나오

Thời tiết **Hàn Quốc** như thế nào? 한국의 날씨가 어떠니?
터이 띠엔 한 꿕 느 테 나오

Thời tiết **ở đây** như thế nào? 여기의 날씨가 어떠니?
터이 띠엔 어 떼이 느 테 나오

회화 연습

A: Thời tiết Hàn Quốc như thế nào?
터이 띠엔 한 꿕 느 테 나오

B: Thời tiết Hàn Quốc mát mẻ.
터이 띠엔 한 꿕 맏 매

A: Thời tiết Việt Nam rất nóng.
터이 띠엔 비엔 남 럳 넘

B: Vậy à?
베이 아

A: 한국의 날씨가 어때요?

B: 한국의 날씨는 시원해요.

A: 베트남의 날씨는 아주 더워요.

B: 그래요?

선생님 한마디

'thời tiết'은 보통 'trời'로 대체해서 쓰이지만, '장소'와 결합할 경우 다른 단어와 대체되지 않고 오직 'thời tiết'으로만 가능합니다.

응용 패턴

장소 + 날씨 상태

Bây giờ Hàn Quốc rất nóng. 지금 한국은 아주 덥다.

Sinchon đang mưa. 신촌에 비가 오고 있다.

~에는 ~ 계절이 있다

~ có ~ mùa
꺼   무어

패턴·회화 연습 듣기

🎧 MP3 119

'~ có ~ mùa'는 '어떤 지역과 나라에 몇 개의 계절이 있는지' 말하고 싶을 때 사용하는 표현입니다. 'có' 앞에 '지역/국명'이 오고, 'có' 뒤에 '계절의 수'를 넣어 '~에 ~계절이 있다'는 의미를 나타냅니다.

- **패턴 구조**   지역/국명 + có + 계절의 수 + mùa   ~에는 ~ 계절이 있다

- **패턴 연습**

  Hàn Quốc có 4 mùa.   한국에는 사계절이 있다.
  한   꿕   꺼 본 무어

  Việt Nam có 2 mùa.   베트남에는 두 계절이 있다.
  비엘 남 꺼 하이 무어

  Ở đây chỉ có 1 mùa.   여기에는 한 계절만 있다.
  어 떼이 찌 꺼 몯 무어

- **회화 연습**

  A: Việt Nam có mùa đông không?
      비엘   남   꺼 무어 똠   콤

  B: Miền Bắc Việt Nam có mùa đông.
      미엔   박 비엘 남 꺼 무어 똠

  A: Còn miền Nam?
      껀   미엔   남

  B: Miền Nam có 2 mùa. Mùa nắng và mùa mưa.
      미엔   남   꺼 하이 무어   무어   낭   바   무어 므어

  A: 베트남에는 겨울이 있어요?
  B: 베트남 북부지방은 겨울이 있어요.
  A: 남부지방은요?
  B: 남부지방은 두 계절이 있어요. 건기와 우기예요.

- **선생님 한마디**

  어디에 어떤 계절이 있고, 없는지 물어보고 싶을 때 'có ~ không?' 패턴을 사용하면 됩니다.

- **새 단어**

  miền Bắc   *n.* 북부지방
  miền Nam   *n.* 남부지방
  Sài Gòn   *n.* 싸이공

- **응용 패턴**

  ~ có mùa ~ / ~ không có mùa ~ : ~에는 ~(계절)이 있다/없다

  Hàn Quốc có mùa thu.   한국에는 가을이 있다.
  Sài Gòn không có mùa đông.   싸이공에는 겨울이 없다.

Pattern 4

~에는 몇 계절이 있니?

~ có mấy mùa?
꺼 메이 무어

패턴·회화 연습 듣기

🎧 MP3 120

'~ có mấy mùa?'는 '어떤 지역과 나라에 몇 개의 계절이 있는지' 물어보고 싶을 때 사용하는 표현입니다. 'có' 앞에 '지역/국명'을 넣어 '~ 몇 계절이 있니?'라는 의미를 나타냅니다.

패턴 구조   지역/국명 + có mấy mùa?   ~에는 몇 계절이 있니?

패턴 연습

Hàn Quốc có mấy mùa?   한국에는 몇 계절이 있니?
한 궉 꺼 메이 무어

Ở đây có mấy mùa?   여기에는 몇 계절이 있니?
어 떼이 꺼 메이 무어

Ở Mỹ có mấy mùa?   미국에는 몇 계절이 있니?
어 미 꺼 메이 무어

Châu Âu có mấy mùa?   유럽에는 몇 계절이 있니?
쩌우 어우 꺼 메이 무어

회화 연습

A: Thành phố Hồ Chí Minh có mấy mùa?
타잉   포 호 찌 밍 꺼 메이 무어

B: Có 2 mùa.
꺼 하이 무어

A: Còn Hà Nội?
껀   하 노이

B: Hà Nội có bốn mùa.
하 노이 꺼 본 무어

A: 호찌민 시에는 몇 계절이 있어요?

B: 두 계절이 있어요.

A: 하노이는요?

B: 하노이는 사계절이 있어요.

새 단어

miền Trung *n.* 중부지방

응용 패턴

~ có mùa gì? / ~ có mùa nào? : ~에는 무슨/어떤 계절이 있니?

Hàn Quốc có mùa gì?   한국에는 무슨 계절이 있니?
Miền Trung có mùa nào?   중부지방에는 어떤 계절이 있니?

베트남에서는 교통수단 및 대중 교통을 이용하는 것이 매우 복
잡합니다. 어떤 교통수단이 있고, 어떻게 이용하는지 패턴으로
학습해 보세요. 패턴을 익히기 전에 '핵심 어휘'를 익혀두면 패
턴 학습이 훨씬 쉬워집니다.

19장

교통수단 & 사용 방법

어휘부터 알고가기

• 교통수단

어휘	뜻	어휘	뜻
giao thông 짜오 통	교통	xe xích lô 쌔 씩 로	3개의 바퀴가 있는 베트남의 전통 교통수단
phương tiện 프엉 띠엔	수단	đường dành cho người đi bộ 뜨엉 야잉 쩌 응어이 띠 보	횡단보도
công cộng 꼼 꼼	공공의, 공중의	tàu điện / tàu điện ngầm 따우 띠엔 / 따우 띠엔 응엄	지하철
đường bộ 뜨엉 보	육로	máy bay 마이 바이	비행기
xe 쌔	바퀴가 있는 모든 교통수단을 부르는 말	thuyền / tàu thủy 튀엔 / 따우 튀	배
xe đạp 쌔 땁	자전거	bãi đậu xe / bãi đỗ xe 바이 떠우 쌔 / 바이 또 쌔	주차장
xe máy / xe gắn máy 쌔 마이 / 쌔 간 마이	오토바이	trạm xe buýt 짬 쌔 부읻	버스 정류장
xe buýt 쌔 부읻	버스	ga tàu điện 가 따우 띠엔	지하철역
xe ô tô / xe hơi 쌔 오 또 / 쌔 허이	차 (타는 것)	ga xe lửa / ga tàu hỏa 가 쌔 르어 / 가 따우 화	기차역
xe taxi / taxi 쌔 딱씨 / 딱씨	택시	bến xe 벤 쌔	터미널
xe tốc hành / xe đò 쌔 똡 하잉 / 쌔 떠	고속버스	đèn giao thông 땐 짜오 톰	교통 신호등
xe lửa / tàu hỏa 쌔 르어 / 따우 화	기차	đèn đỏ 땐 떠	빨간불
xe cấp cứu 쌔 껍 끄우	구급차	đèn xanh 땐 싸잉	초록불
xe tải 쌔 따이	트럭	đèn vàng 땐 방	노란불
xe cảnh sát 쌔 까잉 삳	경찰차	ngã tư 응아 뜨	사거리
xe ôm 쌔 옴	베트남의 전통 오토바이 서비스	ngã ba 응아 바	삼거리
xe grab 쌔 그랍	새로 나온 오토바이/택시 서비스	vòng xoay 범 쏘아이	로터리

- ## 교통에 대한 동사

어휘	뜻	어휘	뜻
đi thẳng 띠 탕	직진하다	chạy xe 짜이 쌔	운전하다, 타다 (주로 차나 오토바이에 사용)
quẹo trái / rẽ trái 꽤오 짜이 / 래 짜이	좌회전하다	chở 쩌	데려다 주다
quẹo phải / rẽ phải 꽤오 파이 / 래 파이	우회전하다	đạp 땁	밟다
vòng lại 범 라이	유턴하다/돌아가다	thuê xe / mướn xe 퉤 쌔 / 므언 쌔	(차나 오토바이를) 빌리다, 렌트하다
dừng lại 이응 라이	멈추다	đậu xe / đỗ xe 떠우 쌔 / 또 쌔	주차하다
bắt xe 받 쌔	(공공 교통수단을) 잡다	đổ xăng 또 쌍	주유하다
băng qua đường / 방 과 뜨엉 qua đường 과 뜨엉	(길을) 건너다	rửa xe 르어 쌔	세차하다
lái xe 라이 쌔	운전하다 (주로 차나 큰 차에 사용)	kẹt xe / tắc đường 깬 쌔 / 딱 뜨엉	길이 막히다

~으로 간다

đi bằng ~

띠 방

'đi bằng ~'은 어떤 교통수단으로 가는지 말하고 싶을 때 '~으로 간다'는 뜻으로 사용됩니다. 여기서 'bằng'은 경우에 따라 생략이 가능합니다.

패턴 구조	đi bằng + 교통수단	~으로 간다

패턴 연습

Đi bằng xe máy.
띠 방 쌔 마이

오토바이로 간다.

Đi bằng tàu điện.
띠 방 따우 띠엔

지하철로 간다.

Tôi đi bằng xe buýt.
또이 띠 방 쌔 부읻

나는 버스로 간다.

Cô ấy đi bằng xe taxi đến đó.
꼬 에이 띠 방 쌔 딱씨 뗀 더

그녀는 그곳에 택시로 간다.

회화 연습

A: Anh đi làm bằng gì?
아잉 띠 람 방 찌

B: Tôi đi bằng xe buýt.
또이 띠 방 쌔 부읻

A: Anh biết lái xe không?
아잉 비엗 라이 쌔 콤

B: Không. Tôi không biết lái xe.
콤 또이 콤 비엗 라이 쌔

A: 무엇을 타고 일하러 가요?

B: 저는 버스로 가요.

A: 운전할 줄 아세요?

B: 아니요. 운전할 줄 몰라요.

선생님 한마디

어디에 무엇으로 가는지 말하고 싶을 때 「đi+장소」를 사용하지만, 대부분의 경우에는 'đi'가 '명사'와 바로 결합할 수 없기 때문에 주의해야 됩니다.

응용 패턴

đi đến ~ : ~으로 ~에 가다/오다

Đi đến công ty bằng tàu điện.   지하철로 회사에 간다.

Cô ấy đi đến đây bằng xe ôm.   그녀는 쌔옴으로 여기에 왔다.

Pattern 2

~에서 ~까지 얼마나 걸리니?

Từ ~ đến ~ mất bao lâu?
뜨 뗀 멀 바오 러우

패턴·회화 연습 듣기

🎧 MP3 122

'từ ~ đến ~ mất bao lâu?'는 '공간이나 시간의 범위'를 말하고 싶을 때 사용하는 표현입니다. 'từ' 뒤에 '출발점/시작점'이 오고, 'đến' 뒤에는 '목적지'가 위치하는 구조로 '~에서 ~까지 얼마나 걸리니?'의 의미를 가집니다.

패턴 구조 Từ + 출발점 + đến + 목적지 + mất bao lâu? ~에서 ~까지 얼마나 걸리니?

패턴 연습

Từ đây đến đó mất bao lâu?
뜨 떼이 뗀 떠 멀 바오 러우

여기에서 거기까지 얼마나 걸리니?

Từ nhà đến công ty mất bao lâu?
뜨 냐 뗀 꼼 띠 멀 바오 러우

집에서 회사까지 얼마나 걸리니?

Từ đây đến chợ Bến Thành mất bao lâu?
뜨 떼이 뗀 쩌 벤 타잉 멀 바오 러우

여기에서 벤탄 시장까지 얼마나 걸리니?

회화 연습

A: Từ sân bay đến khách sạn này mất bao lâu?
뜨 선 바이 뗀 카익 산 나이 멀 바오 러우

B: Anh đi bằng gì?
아잉 띠 방 찌

A: Tôi đi bằng xe taxi.
또이 띠 방 쌔 딱씨

B: Khoảng 30 phút.
쾅 바 므어이 푿

A: 공항에서 이 호텔까지 얼마나 걸려요?

B: 무엇으로 가는데요?

A: 택시로 가요.

B: 약 30분 정도요.

선생님 한마디

*~에서 ~까지

từ ~ đến ~
: 다른 장소로 이동할 때 사용

từ ~ về ~
: 원래 자리로 돌아가거나 특히, 집으로 돌아갈 때 사용

🔵 Từ công ty về nhà mất bao lâu?
회사에서 집까지 얼마나 걸려요?

새 단어

sân bay *n.* 공항
khách sạn *n.* 호텔

응용 패턴

Từ ~ đến ~ bằng ~ mất bao lâu? : ~에서 ~까지 ~으로 얼마나 걸리니?

Từ đây đến đó bằng xe máy mất bao lâu?
여기에서 거기까지 오토바이로 얼마나 걸리니?

Từ Hàn Quốc đến Việt Nam bằng máy bay mất bao lâu?
한국에서 베트남까지 비행기로 얼마나 걸리니?

~에 가 주세요/데려다 주세요
Cho tôi đến ~
쩌 또이 뗀

패턴·회화 연습 듣기

🎧 MP3 123

'cho tôi đến ~'은 베트남에서 대중교통이나 교통 서비스를 이용할 때 꼭 알아야 할 표현입니다. 택시나 오토바이를 탈 때, 'cho tôi đến' 뒤에 '목적지'를 말하는 구조로 '~에 가 주세요/데려다 주세요'의 의미를 나타냅니다.

패턴 구조

Cho tôi đến + 목적지 　　　　~에 가 주세요/데려다 주세요

패턴 연습

Cho tôi đến sân bay.
쩌 또이 뗀 선 바이 　　　　공항에 가 주세요.

Cho tôi đến chợ Bến Thành.
쩌 또이 뗀 쩌 벤 타잉 　　　　벤탄 시장에 가 주세요.

Cho tôi đến công ty này.
쩌 또이 뗀 꼼 띠 나이 　　　　이 회사에 가 주세요.

Cho tôi đến địa chỉ này.
쩌 또이 뗀 띠어 찌 나이 　　　　이 주소로 가 주세요.

회화 연습

A: Chào chị. Chị muốn đi đâu?
　　짜오 찌 찌 무언 띠 떠우

B: Cho tôi đến khách sạn New World.
　　쩌 또이 뗀 카익 산 뉴 워

A: Vâng.
　　벙

B: Hãy dừng ở trước khách sạn.
　　하이 이응 어 쯔억 카익 산

A: 안녕하세요. 어디로 가고 싶으세요?

B: 뉴월드 호텔에 가 주세요.

A: 네.

B: 호텔 앞에서 멈춰 주세요.

선생님 한마디

상대방의 나이, 또는 연령에 따라 'tôi' 대신에 적합한 인칭대명사로 바꿔서 사용해도 됩니다.

예 Cho em đến công ty Samsung.
삼성 회사로 가 주세요.

새 단어

địa chỉ　n. 주소
trước　n. 앞
chở　v. 태우다, 싣다

응용 패턴

Làm ơn chở tôi đến ~ : ~로 데려다 주세요

Làm ơn chở tôi đến bến xe.　　저를 터미널로 데려다 주세요.
Làm ơn chở tôi đến sân bay.　　저를 공항으로 데려다 주세요.

Pattern 4

~에 어떻게 가니?

Đi đến ~ như thế nào?

띠 뗀 느 테 나오

패턴·회화 연습 듣기

🎧 MP3 124

'đi đến ~ như thế nào?'는 어딘가에 가고 싶은데 '길을 모르거나 길을 잃었을 때' 사용하는 표현입니다. 'đi đến' 뒤에 '가고 싶은 목적지'를 넣어 '~에 어떻게 가니?'라는 의미를 나타냅니다.

· 패턴 구조 ·

Đi đến + **목적지** + như thế nào?

~에 어떻게 가니?

· 패턴 연습 ·

Đi đến **công ty này** như thế nào?
띠 뗀 꼼 띠나이 느 테 나오

이 회사에 어떻게 가니?

Đi đến **chợ Bến Thành** như thế nào?
띠 뗀 쩌 벤 타잉 느 테 나오

벤탄 시장에 어떻게 가니?

Đi đến **sân bay** như thế nào?
띠 뗀 선 바이 느 테 나오

공항에 어떻게 가니?

· 회화 연습 ·

A: Chào chú. Đi đến nhà thờ Đức Bà như thế nào?
짜오 쭈 띠 뗀 냐 터 뜩 바 느 테 나오

B: Đi đến ngã tư. Sau đó quẹo phải.
띠 뗀 응아 뜨 사우 떠 꽤오 파이

A: Từ đây đến đó mất bao lâu?
뜨 떠이 뗀 떠 먿 바오 러우

B: Khoảng 10 phút.
쾅 므어이 푿

A: 아저씨 안녕하세요. 성모 대성당에 어떻게 가요?

B: 사거리까지 가세요. 그다음에는 우회전하세요.

A: 여기에서 거기까지 얼마나 걸려요?

B: 약 10분 정도요.

· 선생님 한마디 ·

1. 남부 지방에서는 'như thế nào' 대신에 'làm sao'라는 표현을 사용하기도 합니다.

2. 같은 뜻 다른 의미
đi đến ~ như thế nào?
: 무엇을 타고 가는지 물어보는 것

~ đi như thế nào?
: 가는 길만 물어보는 것

· 새 단어 ·

nhà thờ Đức Bà
n. 성모 대성당
Bưu điện Thành phố
n. (호찌민 시에 있는) 중앙 우체국

· 응용 패턴 ·

~ đi như thế nào? : ~에 어떻게 가니?

Chợ Bến Thành đi như thế nào?
벤탄 시장에 어떻게 가니?

Bưu điện Thành phố đi như thế nào?
중앙 우체국에 어떻게 가니?

Pattern 5

어디에서 ~을 잡니?

Bắt ~ ở đâu?
받 어 떠우

패턴·회화 연습 듣기

🎧 MP3 125

'bắt ~ ở đâu?'는 대중교통을 어디에서 타는지 물어 볼 때 사용하는 표현입니다. 'bắt'이 '잡다'는 뜻의 '동사'로 뒤에 타려는 교통수단을 넣어 '어디에서 ~을 잡니?'의 뜻을 나타냅니다. 비슷한 표현으로 'bắt(잡다)' 대신 'đi(타다)'가 있습니다. 'đi ~ ở đâu?'로 사용할 경우, '어디에서 ~을 타니?'라는 좀 더 자연스러운 표현을 만들 수 있습니다.

| 패턴 구조 | Bắt + 교통수단 + ở đâu? | 어디에서 ~을 잡니? |

패턴 연습

Bắt taxi ở đâu?
받 딱씨 어 떠우

어디에서 **택시**를 잡니?

Bắt xe grab ở đâu?
받 쌔 그랍 어 떠우

어디에서 **그랩 오토바이**를 잡니?

Bắt xe buýt ở đâu?
받 쌔 부읻 어 떠우

어디에서 **버스**를 잡니?

Bắt xe đi Đà Lạt ở đâu?
받 쌔 띠 따 랃 어 떠우

어디에서 **달랏에 가는 차**를 잡니?

회화 연습

A: Em muốn đi Đà Lạt.
앰 무언 띠 따 랃

B: Em phải đi xe tốc hành.
앰 파이 띠 쌔 똡 하잉

A: **Bắt xe tốc hành ở đâu?**
받 쌔 똡 하잉 어 떠우

B: Bắt xe tốc hành ở bến xe.
받 쌔 똡 하잉 어 벤 쌔

A: 저는 달랏에 가고 싶어요.

B: 고속버스를 타야 돼요.

A: 어디에서 고속버스를 잡아요?

B: 터미널에서 고속버스를 잡아요.

선생님 한마디

'bắt'은 '지하철, 기차, 비행기, 배'와 결합할 수 없습니다. 그러나 그 외의 다른 교통 수단과는 결합이 가능합니다.

새단어

Đà Lạt *n.* 달랏(베트남의 도시)

응용 패턴

| Đi ~ ở đâu? : 어디에서 ~을 타요? |

Đi tàu điện ở đâu?   어디에서 지하철을 타요?

Đi xe buýt ở đâu?   어디에서 버스를 타요?

Pattern 6

~을 타다/탑승하다/올라가다

lên ~

렌

패턴·회화 연습 듣기

🎧 MP3 126

'lên ~'은 교통수단 및 비행기에 탑승할 때 사용하는 표현으로, '올라가다, 오르다'라는 의미를 가진 '동사'입니다. 'lên' 뒤에 교통수단을 넣어 '~을 탑승하다/올라가다'의 뜻을 나타냅니다.

패턴 구조	lên + 교통수단	~을 타다/탑승하다/올라가다

패턴 연습

Lên xe.
렌 쌔
오토바이/차를 탄다.

Lên tàu.
렌 따우
배를 탄다.

Bây giờ phải lên máy bay.
베이 쩌 파이 렌 마이 바이
지금 비행기에 탑승해야 된다.

Tôi đã lên xe taxi rồi.
또이 따 렌 쌔 딱씨 로이
나는 택시를 탔다.

회화 연습

A: Chị đã lên máy bay chưa?
찌 따 렌 마이 바이 쯔어

B: Chưa.
쯔어

A: Khi nào khởi hành?
키 나오 커이 하잉

B: 8 giờ 30.
땀 쩌 바 므어이

A: 비행기에 탑승했어요?

B: 아직.

A: 언제 출발해요?

B: 8시 30분.

선생님 한마디

'lên'은 어떤 교통수단을 타기 전 과 타게 된 행위만을 가리키는 반 면, 'đi'는 교통수단을 이용한다는 의미도 포함됩니다.

새 단어

khởi hành v. 출발하다
lầu/tầng n. 층

응용 패턴

lên lầu / tầng ~ : ~층에 올라가다

Lên lầu 3.   3층에 올라간다.

Lên tầng 11.   11층에 올라간다.

Pattern 7

~에서 내리다/내려가다

Xuống ~

쑤엉

패턴·회화 연습 듣기

🎧 MP3 127

'xuống ~'는 'lên'과 반대로 어떤 교통수단을 '타다가 내릴 때' 사용하는 표현입니다. 'xuống'은 '내려오다'라는 의미를 가진 '동사'로써 'xuống' 뒤에 교통수단을 넣어 '~에서 내리다/내려가다'의 뜻을 나타냅니다.

· 패턴 구조 · Xuống + 교통수단

~에서 내리다/내려가다

· 패턴 연습 ·

Xuống xe.
쑤엉   쌔

오토바이/차에서 내린다.

Xuống máy bay.
쑤엉   마이 바이

비행기에서 내린다.

Xuống tàu điện ở ga 'Sinchon'.
쑤엉   따우 띠엔 어 가   신쫀

지하철로 '신촌역'에서 내린다.

Xuống xe buýt ở trạm tiếp theo.
쑤엉   쌔 부읻 어 짬 띠엡 태오

다음 버스 정류장에서 내린다.

· 회화 연습 ·

A: Đi đến 'Hongdae' như thế nào?
   띠 뗀   홍대   느   테 나오

B: Đi tàu điện từ ga này.
   띠 따우 띠엔 뜨 가 나이

A: Xuống ở ga nào?
   쑤엉   어 가 나오

B: Xuống ở ga 'Hongdaeipgu'.
   쑤엉   어 가   홍대입구

A: 홍대에 어떻게 가요?

B: 이 역에서 지하철을 타요.

A: 어느 역에서 내려요?

B: 지하철로 홍대입구역에서 내려요.

· 선생님 한마디 ·

'Cho tôi xuống ở ~'는 택시나 오토바이 서비스를 사용할 때 원하는 위치에서 내려 달라는 표현으로 '~에서 내려 주세요'라는 뜻입니다.

· 새 단어 ·

tiếp theo *n.* 다음
chợ *n.* 시장

· 응용 패턴 ·

Cho tôi xuống ở ~ : ~에서 내려 주세요

Cho tôi xuống ở đây.   여기에서 내려 주세요.

Cho tôi xuống ở trước chợ.   시장 앞에서 내려 주세요.

Pattern 8

~에서 멈춰 주세요

Làm ơn ngừng ở ~
람 언 응응 어

패턴·회화 연습 듣기

🎧 MP3 128

'Làm ơn ngừng ở ~'는 운전 기사에게 '원하는 목적지에 세워 주세요, 멈춰 주세요'라고 요청할 때 사용하는 패턴의 표현입니다. 'Làm ơn ngừng ở' 뒤에 '장소 또는 위치'를 넣어 표현합니다.

패턴 구조

Làm ơn ngừng ở + 장소/위치   ~에서 멈춰 주세요

패턴 연습

Làm ơn ngừng ở đây.   여기에서 멈춰 주세요.
람 언 응응 어 떼이

Làm ơn ngừng ở phía trước.   앞에서 멈춰 주세요.
람 언 응응 어 피어 쯔억

Làm ơn ngừng ở trước ngân hàng.   은행 앞에서 멈춰 주세요.
람 언 응응 어 쯔억 응언 항

회화 연습

A: Làm ơn ngừng ở trước quán cà phê.
람 언 응응 어 쯔억 관 까 페

B: Vâng.
벙

A: Bao nhiêu tiền ạ?
바오 니에우 띠엔 아

B: 35 nghìn ạ.
바 므어이 람 응인 아

A: 카페 앞에서 멈춰 주세요.

B: 네.

A: 얼마예요?

B: 3만 5천(동)입니다.

선생님 한마디

1. 'ngừng' 대신에 'dừng'이라는 표현을 대신 사용할 수 있습니다.
예) Làm ơn dừng ở đây.
여기에서 멈춰 주세요.

2. 'Cho tôi ngừng ở~'라는 표현도 'làm ơn ngừng ở~'와 같은 의미로 쓰이지만 'làm ơn'이 더 공손한 표현입니다.

응용 패턴

Cho tôi ngừng ở ~ : ~에서 멈춰 주세요

Cho tôi ngừng ở đây.   여기에서 멈춰 주세요.

Cho tôi ngừng ở phía trước.   앞에서 멈춰 주세요.

길을 물어볼 때 가장 중요한 것이 방향과 위치설명입니다. 방향
과 위치에 대한 핵심패턴을 학습해 보세요. 패턴을 익히기 전에
'핵심 어휘'를 익혀두면 패턴 학습이 훨씬 쉬워집니다.

20장

방향 & 길 안내

• 방향, 위치

어휘	뜻	어휘	뜻
phương hướng 프엉 흐엉	방향	dưới 으여이	아래
phía / hướng 피어 / 흐엉	쪽/방향	trái 짜이	왼쪽
bên 벤	쪽 (위치를 말할 때)	phải 파이	오른쪽
Đông 똠	동	trong 쩜	안
Tây 떼이	서	ngoài 응와이	밖
Nam 남	남	trước 쯔엉	앞
Bắc 박	북	sau 사우	뒤
vị trí 비 찌	위치	cạnh 까잉	옆
trên 쩬	위	giữa 쯔어	가운데, 사이

Tip 위치를 말할 때는 그 위치 앞에 'phía'나 'bên'이라는 표현을 넣어서 함께 사용합니다.
예 phía **trên** / bên **trên** (위)

• 길 안내

어휘	뜻	어휘	뜻
đường 뜨엉	길, 거리	người qua đường 응어이 과 뜨엉	길을 가는 사람
chỉ đường 찌 뜨엉	길을 안내하다	tìm đường / kiếm đường 띰 뜨엉 / 끼엠 뜨엉	길을 찾다
hỏi đường 허이 뜨엉	길을 묻다	lối này 로이 나이	이쪽
lạc đường 락 뜨엉	길을 잃어버리다	hẻm 햄	골목
băng qua đường 방 과 뜨엉	길을 건너다	đường tắt 뜨엉 딷	지름길
trên đường 쩬 뜨엉	길에	ngõ cụt / hẻm cụt 응어 꿑 / 햄 꿑	막다른 골목길

Pattern 1

격식적 종결어미

~ ạ
아

패턴·회화 연습 듣기

🎧 MP3 129

'ạ'는 상대에게 경의를 표하기 위해 문장 끝에 붙이는 종결어미입니다. '낯선 사람에게 길을 물어볼 때' 상대에게 존칭을 쓰는 의미로 표현됩니다. 구조는 문장 맨 끝에 'ạ'를 넣어 나타냅니다.

· 패턴 구조 ·

~ ạ   격식적 종결어미

평서문/의문문 ＋ ạ

· 패턴 연습 ·

Đây là đường gì ạ? 떼이 라 뜨엉 찌 아	여기는 무슨 거리인가요?
Anh biết đường này không ạ? 아잉 비엗 뜨엉 나이 콤 아	이 길을 아세요?
Cho em đến khách sạn này ạ. 쩌 앰 뗀 카익 산 나이 아	이 호텔로 가 주세요.
Chợ Bến Thành ở đâu ạ? 쩌 벤 타잉 어 떠우 아	벤탄 시장이 어디에 있나요?

· 회화 연습 ·

A: Em đang tìm đường Nguyễn Huệ.
앰 땅 띰 뜨엉 응위엔 훼

B: Em đi thẳng rồi quẹo phải.
앰 띠 탕 로이 꽤오 파이

A: Hướng này ạ?
흐엉 나이 아

B: Vâng.
벙

A: 저는 응우옌후에 거리를 찾고 있는데요.

B: 직진해서 우회전하세요.

A: 이쪽이요?

B: 네.

· 선생님 한마디 ·

청유문의 경우는 'ạ'와 결합하지 못합니다.

· 새 단어 ·

Nguyễn Huệ *n.* 응우옌후에
(베트남 떠이선(Tây Sơn) 왕조의
군주 이름으로 현재는 호찌민시
시청 앞 거리 이름이다.)

· 응용 패턴 ·

~ hả + 인칭대명사? : 예의 바르게 질문하는 의문사

Hướng này hả chú?   (아저씨에게) 이쪽이요?

Cái này hả cô?   (고모/이모에게) 이거요?

Pattern 2

~ 어디에 있니?

~ nằm ở đâu?

남 어 떠우

패턴·회화 연습 듣기

🎧 MP3 130

'~ nằm ở đâu?'는 찾고 있거나 가고 싶은 장소의 위치를 물어보고 싶을 때 사용하는 패턴 표현입니다. 'nằm ở đâu' 앞에 '찾고 싶은 위치'를 넣어 '〜이 어디에 있니?'라는 의미를 나타냅니다.

· 패턴 구조 · 위치 + nằm ở đâu?

~이 어디에 있니?

· 패턴 연습 ·

Tòa nhà Bitexco nằm ở đâu?
똬 냐 비땍꼬 남 어 떠우

비텍스코 건물이 어디에 있니?

Diamond Plaza nằm ở đâu?
따이먼 블라자 남 어 떠우

다이아몬드 플라자가 어디에 있니?

Đường này nằm ở đâu?
뜨엉 나이 남 어 떠우

이 거리가 어디에 있니?

· 회화 연습 ·

A: Chào chú. Quán này nằm ở đâu ạ?
　 짜오 쭈 관 나이 남 어 떠우 아

B: Quán này nằm trên đường A.
　 관 나이 남 쩬 뜨엉 아

A: Cảm ơn chú.
　 깜 언 쭈

B: Không có chi.
　 콤 꺼 찌

A: 아저씨 안녕하세요. 이 가게가 어디에 있나요?

B: 이 가게는 A 거리에 있어요.

A: 감사합니다.

B: 아니에요.

· 선생님 한마디 ·

'nằm'은 베트남어에서 '눕다' 또는 '누워 있다'라는 의미를 가지는데 위치를 말할 때도 이 표현을 많이 사용합니다.

· 새단어 ·

tòa nhà *n.* 건물
quán *n.* 가게, 파는 곳
bưu điện *n.* 우체국
ngân hàng *n.* 은행

· 응용 패턴 ·

~ ở ~ : ~가 ~에 위치하다/있다

Sách ở trên bàn.

책이 책상 위에 있다.

Bưu điện ở phía sau ngân hàng.

우체국이 은행 뒤쪽에 있다.

Pattern 3

~가 ~와 ~ 사이에 있다

~ ở giữa ~ và ~

어 쯔어 바

패턴·회화 연습 듣기

🎧 MP3 131

'~ ở giữa ~ và ~'는 어떤 사물이나 대상이 2개의 대상 사이에 있다는 표현을 나타낼 때 'A가 B와 C 사이에 있다'는 뜻으로 표현됩니다. 'giữa'는 '사이'와 '가운데'를 뜻하지만, 'giữa'를 '~사이'의 의미로 사용하기 위해서는 2개의 대상이 있어야만 사용할 수 있습니다.

- 패턴 구조 ·

A ở giữa B và C

A가 B와 C 사이에 있다

- 패턴 연습 ·

Ngân hàng ở giữa bưu điện và khách sạn.
응언   항   어 쯔어 브우 띠엔 바 카익 산
은행이 우체국과 호텔 사이에 있다.

Lan ngồi giữa Minho và Hoa.
란 응오이 쯔어   민호   바 화
란 씨가 민호 씨와 화 씨 사이에 <u>앉아</u> 있다.

Tôi đang đứng giữa ba và mẹ tôi.
또이 땅   뜽   쯔어 바 바 매 또이
나는 내 아버지와 어머니 사이에 <u>서</u> 있다.

- 회화 연습 ·

A: **Quán cà phê này nằm ở đâu ạ?**
   관   까 페 나이 남 어 떠우 아

B: **Quán cà phê này ở giữa rạp chiếu phim và nhà hàng.**
   관   까 페 나이 어 쯔어 랍 찌에우 핌 바 냐   항

A: **Cảm ơn anh.**
   깜   언 아잉

A: 이 카페가 어디에 있나요?

B: 이 카페는 영화관과 식당 사이에 있어요.

A: 감사합니다.

- 선생님 한마디 ·

'ở' 대신 'đứng(서다), ngồi(앉다) 등과 같은 동사를 넣어서 사용할 수도 있습니다.

- 새단어 ·

ngồi v. 앉다
đứng v. 서다
quán cà phê n. 카페
rạp chiếu phim n. 영화관

- 응용 패턴 ·

> **~ (ở) giữa hai ~ : ~은 (2개의 대상) 사이에 있다**

Tôi đứng giữa hai người.   나는 두 사람 사이에 서 있다.

Bãi đậu xe ở giữa hai tòa nhà.   주차장은 두 건물 사이에 있다.

4단계 · 회화로 대화하기   **219**

~에 도착하면 우회전하세요

Đến ~ thì quẹo phải
떼   티   꽤오   파이

패턴·회화 연습 듣기

🎧 MP3 132

'đến ~ thì quẹo phải'는 '~에 도착하면 우회전하세요'라는 뜻으로, 다른 사람에게 길을 안내할 때 방향을 알려주는 표현입니다. 'đến'과 'thì' 사이에 '목적지'를 넣고, 'thì' 뒤에 '가야 할 방향'을 넣어서 표현합니다.

패턴 구조   Đến + 목적지 + thì + 가야 할 방향   (목적지)에 도착하면 (방향)하세요

패턴 연습   Đến ngã tư thì quẹo phải.   사거리에 도착하면 우회전하세요.
떼   응아 뜨 티 꽤오 파이

Đến bưu điện thì quẹo phải.   우체국에 도착하면 우회전하세요.
떼   브우 띠엔 티 꽤오 파이

Đến tòa nhà phía trước thì quẹo trái.   앞의 건물에 도착하면 좌회전하세요.
떼 똬 냐 피어 쯔억 티 꽤오 짜이

회화 연습

A: Khách sạn Lotte nằm ở đâu ạ?
카익   산 롣때 남 어 떠우 아

B: Anh đi thẳng. Đến ngã ba thì quẹo phải.
아잉 띠 탕   떼 응아 바 티 꽤오 파이

A: Có gần không ạ?
꺼 건   콤 아

B: Gần lắm.
건   람

A: 롯데 호텔이 어디에 있나요?

B: 직진하세요. 삼거리에 도착하면 우회전하세요.

A: 가깝나요?

B: 아주 가까워요.

선생님 한마디

'Đến ~ thì quẹo phải'에서 'đến' 대신에 'tới'라는 표현으로도 가능하지만, 'tới'는 구어체로 더 많이 사용됩니다.

새단어

gần adj. 가깝다
đến/tới v. 도착하다

응용 패턴

Tới ~ thì quẹo phải : ~에 도착하면 우회전하세요

Tới đó thì quẹo phải.   저기에 도착하면 우회전하세요.

Tới ngân hàng thì quẹo trái.   은행에 도착하면 좌회전하세요.

~하면 도착할 것이다
~ là đến
라 뗀

패턴·회화 연습 듣기
🎧 MP3 133

'~ là đến'은 베트남 사람들이 길을 안내해 줄 때 많이 사용하는 표현으로, 어떻게 하면 목적지에 도착하는지 알려주는 패턴 표현입니다. 'là đến' 앞에 다양한 '동사'나 '동사구'를 사용할 수 있습니다.

패턴 구조 ~ là đến ~하면 도착할 것이다

패턴 연습

Đi thẳng là đến.
띠 탕 라 뗀
직진하면 도착할 것이다.

Quẹo phải là đến.
꽤오 파이 라 뗀
우회전하면 도착할 것이다.

Đi khoảng 5 phút là đến.
띠 쾅 남 폳 라 뗀
5분 쯤 가면 도착할 것이다.

Đi qua ngã tư là đến.
띠 과 응아 뜨 라 뗀
사거리를 지나가면 도착할 것이다.

회화 연습

A: Bãi đậu xe ở đâu ạ?
바이 떠우 쌔 어 떠우 아

B: Đi khoảng 50 mét là đến.
띠 쾅 남 므어이 맫 라 뗀

A: Ở bên phải hay bên trái ạ?
어 벤 파이 하이 벤 짜이 아

B: Bên phải.
벤 파이

A: 주차장이 어디에 있나요?

B: 50m 정도 가면 도착할 거예요.

A: 오른쪽에 있어요? 왼쪽에 있어요?

B: 오른쪽이요.

선생님 한마디

'~ là đến'에서 'đến' 대신에 'tới'라는 표현으로도 가능하지만, 'tới'는 구어체로 더 많이 사용됩니다.

새 단어

đi qua v. 지나가다
mét n. 미터(m)

응용 패턴

~ là tới : ~하면 도착할 것이다

Vòng lại là tới.
유턴하면 도착할 것이다.

Băng qua đường là tới.
길을 건너면 도착할 것이다.

외식을 하거나 쇼핑을 할 때, 어떤 표현을 사용해서 음식을
주문하고 가격을 흥정할 수 있는지 등을 학습해 보세요.

21장

외식 & 쇼핑

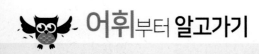

• 음식, 음료

thức ăn / đồ ăn / món ăn 특 안 / 또 안 / 먼 안	음식(먹을 것)	thức uống / đồ uống 특 우엉 / 또 우엉	음료(마실 것)
cơm 껌	밥	cà phê 까 페	커피
cháo 짜오	죽	cà phê đen 까 페 땐	블랙커피
bún 분	쌀면(쌀국수)	cà phê sữa đá 까 페 스어 따	아이스 연유커피
phở 퍼	쌀국수	trà 짜	차
cơm sườn 껌 스언	돼지갈비 밥	trà đá 짜 따	아이스티
bún bò 분 버	(후에의 대표 음식) 소고기 쌀면 국수	nước/nước lọc/nước suối 느억 / 느억 럽 / 느억 수오이	물
mì 미	면	nước ngọt 느억 응얻	탄산 음료
mì gói 미 거이 mì ăn liền 미 안 리엔	라면 (인스턴트 면)	nước ép trái cây 느억 앱 짜이 께이 nước ép hoa quả 느억 앱 화 과	주스
thịt 틷	고기	nước dừa 느억 이으어	코코넛 주스
cá 까	생선	nước mía 느억 미어	사탕수수 주스
rau 라우	채소	nước chanh 느억 짜잉	레몬주스
gỏi cuốn 거이 꾸언	월남쌈	nước cam 느억 깜	오렌지 주스
chả giò / nem rán 짜 쩌 / 냄 쟌	짜조 / 넴쟌 (롤 튀김, 튀긴 춘권)	sinh tố 싱 또	스무디
hành 하잉	파	trà đào 짜 따오	복숭아 티
ngò / rau mùi 응어 / 짜우 무이	고수(식물)	trà sữa 짜 스어	밀크티
bánh tráng 바잉 짱	라이스 페이퍼	menu / thực đơn 메누 / 특 떤	메뉴
nước chấm 느억 쩜	(음식을 찍어서 먹는) 소스	món tráng miệng 먼 짱 미엥	디저트

• 의류, 아이템

trang phục 짱 푹	의류, 의상	phụ kiện 푸 끼엔	아이템
quần áo 권 아오	옷 (상의, 하의 포함)	giày thể thao 짜이 테 타오	운동화
áo 아오	옷 (상의)	giày tây 짜이 떼이	구두
quần 권	하의	giày cao gót 짜이 까오 걷	하이힐
áo thun 아오 툰	티셔츠	dép 앱	슬리퍼
áo sơ mi 아오 서 미	와이셔츠	vớ / tất 버 / 떹	양말
áo kiểu 아오 끼에우	블라우스	nón / mũ 넌 / 무	모자
áo khoác 아오 콱	외투	dây nịt / thắt lưng 예이 닏 / 탇 릉	벨트, 허리띠
áo len 아오 랜	니트	cà-ra-vát / cà vạt 까 라 받 / 까 받	넥타이
quần tây 권 떼이	면바지	giỏ xách / túi xách 쟈 싸익 / 뚜이 싸익	가방
quần đùi / quần lửng 권 뚜이 / 권 릉	반바지	mắt kính 맏 낑	안경
quần dài 권 야이	긴 바지	kính mát / kính râm 낑 맏 / 낑 쩜	선글라스
quần jean 권 찐	청바지	trang sức 짱 슥	액세서리
đầm 떰	원피스	vòng cổ / dây chuyền 범 꼬 / 예이 쮜엔	목걸이
váy 바이	치마	vòng tay 범 따이	팔찌
nội y 노이 이	내복	nhẫn 년	반지
giày dép 짜이 앱	신발	bông tai 봄 따이	귀걸이

호격

~ ơi

어이

'ơi'는 어떤 사람을 부를 때 사용하는 '호격'입니다. 'ơi' 앞에 '이름'이나 '인칭대명사'가 위치 합니다.

· 패턴 구조 ·	**이름/인칭대명사 + ơi**	호격

· 패턴 연습 ·	**Anh ơi!** 아잉 어이	오빠/형!
	Chị ơi! 찌 어이	언니/누나!
	Chú ơi! 쭈 어이	아저씨!
	Ông ơi! 옴 어이	할아버지!

· 회화 연습 ·

A: **Cô ơi! Cái này bao nhiêu tiền ạ?**
꼬 어이 까이 나이 바우 니에우 띠엔 아

B: **Cái này 200 nghìn.**
까이 나이 하이 짬 응인

A: **Còn cái kia ạ?**
껀   까이 끼어 아

B: **Cái kia 250 nghìn.**
까이 끼어 하이 짬 남 므어이 응인

A: 아주머니! 이거 얼마예요?

B: 이것은 20만 동이에요.

A: 저것은요?

B: 저것은 25만 동이에요.

· 선생님 한마디 ·

카페나 식당에서 종업원을 부를 때도 이 표현을 사용합니다. "여기요!" 정도의 의미로 이해하면 됩니다. 단, 나이와 성별에 따라 인칭대명사가 달라집니다.

여성 연장자 : chị ơi
남성 연장자 : anh ơi
어린 종업원 : em ơi

· 새 단어 ·

bà chủ *n.* 여자 주인, 사모님, 여자 사장님

· 응용 패턴 ·

> **~ ơi! : 여기요!**

Chị ơi!   (여성 연장자) 여기요!

Bà chủ ơi!   (사모님) 여기요!

Pattern 2

~ 주세요
Cho tôi ~
쩌 또이

패턴·회화 연습 듣기

🎧 MP3 135

'cho tôi'는 음식 또는 물건을 주문하거나 구입할 때 쓰이는 표현입니다. 'cho tôi' 뒤에 주문 또는 구입할 명칭을 넣어 '~ 주세요'라는 의미로 나타냅니다. 'tôi' 대신에 '인칭대명사'도 가능합니다.

· 패턴 구조 · Cho tôi + 명사   ~ 주세요

· 패턴 연습 ·

Cho tôi **cái này.**
쩌 또이 까이 나이
이거 주세요.

Cho tôi **cà phê sữa đá.**
쩌 또이 까 페 스어 따
아이스 연유커피 주세요.

Cho tôi **cơm sườn và trà đá.**
쩌 또이 껌 스언 바 짜 따
껌승하고 아이스티 주세요.

Cho tôi **một tô phở bò.**
쩌 또이 몯 또 퍼 버
소고기 쌀국수 한 그릇 주세요.

· 회화 연습 ·

A: **Chị ơi!**
   찌 어이

B: **Anh dùng gì?**
   아잉 융 찌

A: **Cho tôi một phần gỏi cuốn và nước dừa.**
   쩌 또이 몯 펀 거이 꾸언 바 느억 이으어

B: **Vâng, anh đợi một chút.**
   벙 아잉 떠이 몯 쭏

A: (여자 종업원에게) 저기요!

B: 무엇을 드실래요?

A: 월남쌈 1인분하고 코코넛 주스 주세요.

B: 네, 잠깐만 기다리세요.

· 선 생 님 한 마 디 ·

'cho tôi' 뒤에 '동사'가 올 경우는 '나에게 ~할 수 있게 해주세요'라는 의미가 됩니다.

· 새 단 어 ·

dùng *v.* 먹다, 사용하다
phần *n.* 인분(몫)

· 응용 패턴 ·

> **Cho tôi + 동사 : ~해 주세요**

Cho tôi xem cái này.   이거 보여 주세요.
Cho tôi nghe cái này.   이거 들려 주세요.

~을 해 보다
~ thử
트

패턴·회화 연습 듣기

🎧 MP3 136

'thử'는 어떤 행동을 시도해 볼 때 사용하는 표현입니다. 'thử' 앞에 '동사'를 넣어 '~을 해 보다'라는 표현을 나타냅니다. 한국어의 '-아/어 보다' 문법과 비슷하지만, 늘 똑같은 맥락에서 사용되지는 않습니다.

· 패턴 구조 ·	**동사 + thử**	~을 해 보다

· 패턴 연습 ·

Ăn thử.
안　트

먹어 본다.

Mặc thử.
막　트

입어 본다.

Em muốn ăn thử 'chả giò'.
앰　무언 안 트 짜 쩌

'짜조'를 먹어보고 싶어요.

Tôi mặc thử cái váy này được không?
또이 막 트 까이 바이 나이 뜨억 콤

이 치마 입어 봐도 돼요?

· 회화 연습 ·

A: **Em muốn uống gì?**
앰　무언 우엉 찌

B: **Em muốn uống thử nước mía.**
앰　무언 우엉 트 느억 미어

A: **Lúc nãy, anh uống nước mía rồi.**
룹 나이 아잉 우엉 느억 미어 로이

B: **Vậy thì anh uống thử trà đào đi.**
베이 티 아잉 우엉 트 짜 따오 띠

A: 뭐 마실래?

B: 사탕수수 주스를 마셔 보고 싶어요.

A: 나는 사탕수수 주스를 좀 전에 마셨어.

B: 그럼 복숭아 티 마셔 보세요.

· 선 생 님 한 마 디 ·

'thử' 자체가 독립적인 동사로 사용될 수 있으며, 그때 뒤에 오는 명사에 따라 다르게 해석됩니다.

· 응용 패턴 ·

Thử + 명사 : (명사)를 해 보다

Thử cái này. 　　이것을 시도해 보다.

Thử món này. 　　이 음식을 먹어 보다.

~해 주시면 안 돼요?

~ không được ạ?
콤 뜨억 아

패턴·회화 연습 듣기

🎧 MP3 137

'~ không được ạ?'는 어떤 것에 대한 허락을 받거나 상대방에게 자신의 의견을 간접적으로 제시할 때 사용되는 표현입니다. 'không được ạ?' 앞에 원하는 '동사'를 넣어 '~하면 안 돼요?'라는 뜻으로 표현되며, 문장 끝에 'ạ'의 '격식적 종결어미'가 들어가므로 공손하고 정중한 표현이 됩니다.

· 패턴 구조	동사 + không được ạ?	~해 주시면 안 돼요?

· 패턴 연습

Bớt một chút không được ạ? 벋 몯 쭌 콤 뜨억 아	조금 깎아 주시면 안 돼요?
Giảm giá một chút không được ạ? 짬 짜 몯 쭌 콤 뜨억 아	조금 할인해 주시면 안 돼요?
Thêm một ít thịt không được ạ? 템 몯 읻 틷 콤 뜨억 아	고기 조금 더 주시면 안 돼요?
Đổi cái khác không được ạ? 또이 까이 칵 콤 뜨억 아	다른 것으로 바꿔 주시면 안 돼요?

· 회화 연습

A: Cô ơi! Cái áo này bao nhiêu ạ?
꼬 어이 까이 아오 나이 바우 니에우 아

B: 300 ngàn.
바 짬 응안

A: Bớt một chút không được ạ?
벋 몯 쭌 콤 뜨억 아

B: Cô sẽ bớt 20 ngàn.
꼬 새 벋 하이 므어이 응안

A: 아주머니! 이 옷은 얼마예요?

B: 30만 동이요.

A: 조금 깎아 주시면 안 될까요?

B: 2만 동 깎아 줄게요.

선생님 한마디

자신이 어떤 것을 해도 되는지 상대방의 허락을 받고 싶을 때 '~được không ạ?'라는 패턴을 사용할 수 있습니다.

새 단어

bớt v. 깎다, 덜하다
giảm giá v. 할인하다
thêm v. 추가하다, 더하다
đổi v. 바꾸다
mặc thử v. 입어보다
một ít n. (양) 조금
một chút n./adv. (양) 조금, 잠깐

· 응용 패턴

> ~ được không ạ? : ~해도 돼요?

Mặc thử cái này được không ạ?	이거 입어봐도 돼요?
Thêm cái này được không ạ?	이거 더 해도 돼요?

Pattern 5

다른 ~이 있나요?

Có ~ nào khác không?
꺼 나오 깍 콤

패턴·회화 연습 듣기

🎧 MP3 138

'có ~ nào khác không?'은 지금 있는 것 외에 다른 것이 있는지 알고 싶을 때 사용하는 표현입니다. 'có(있다)'와 'nào khác không(다른)?' 사이에 '명사'를 넣어 '다른 ~이 있나요?'라는 의미를 나타냅니다.

패턴 구조 Có + 명사 + nào khác không? 다른 ~이 있나요?

패턴 연습
Có **áo** nào khác không? 다른 옷이 있나요?
꺼 아오 나오 깍 콤

Có **món** nào khác không? 다른 음식이 있나요?
꺼 먼 나오 깍 콤

Có **phim** nào khác không? 다른 영화가 있나요?
꺼 핌 나오 깍 콤

Có **quán cà phê** nào khác không? 다른 카페가 있나요?
꺼 관 까 페 나오 깍 콤

회화 연습

A: Tôi muốn mua túi xách.
또이 무언 무어 뚜이 싸익

B: Đây là mẫu mới ạ.
떼이 라 머우 머이 아

A: Có màu nào khác không ạ?
꺼 마우 나오 깍 콤 아

B: Dạ, không ạ.
야 콤 아

A: 가방을 사고 싶은데요.

B: 이것은 새로운 디자인이에요.

A: 다른 색깔 있어요?

B: 아니요, 없어요.

새 단어

mẫu *n.* 모델, 디자인
mới *adj.* 새롭다
màu *n.* 색깔

응용 패턴

Không có ~ nào khác ạ? : 다른 ~ 없나요?

Không có cái nào khác ạ? 다른 거 없나요?
Không có giày nào khác ạ? 다른 신발이 없나요?

Pattern 6

~하기는 해요

cũng ~

꿈

패턴·회화 연습 듣기

🎧 MP3 139

'cũng'은 '역시, 또한, 아울러'의 뜻을 가진 '부사'입니다. '형용사'와 결합해서 '~하기는 해요'라는 뜻으로, 어떤 것의 상태나 성질이 절대적이지 않고 일리가 있음을 의미합니다.

· **패턴 구조** ·   cũng **+ 형용사**   ~하기는 해요

· **패턴 연습** ·   Cũng ngon.   맛있기는 해요.
                          꿈   응언

                    Cũng dễ thương.   귀엽기는 해요.
                          꿈   예   트엉

                    Phim này cũng hay.   이 영화가 재미있기는 해요.
                          핌   나이   꿈   하이

                    Áo này cũng đẹp.   이 옷이 예쁘기는 해요.
                          아오 나이   꿈   땝

· **회화 연습** ·

A: **Em thích cà phê gì?**
     앰   틱   까 페 찌

B: **Cà phê sữa đá.**
     까   페 스어 따

A: **Cà phê đen thế nào?**
     까   페   땐 테 나오

B: **Cũng ngon nhưng hơi đắng.**
     꿈   응언   능   허이   땅

A: 무슨 커피를 좋아해요?

B: 아이스 연유커피요.

A: 블랙커피가 어때요?

B: 맛있기는 하지만 약간 써요.

· **선생님 한마디** ·

'cũng được'의 앞에 '명사'가 오면 '~도 괜찮다'는 의미가 됩니다.

· **새 단어** ·

ngon *adj.* 맛있다
dễ thương *adj.* 귀엽다
hay *adj.* 좋다, 재미있다

· **응용 패턴** ·

> ~ cũng được : ~도 괜찮다

Cái này cũng được.   이것도 괜찮다.

Nước cam cũng được.   오렌지 주스도 괜찮다.

여행 전 여행지를 추천 받고 싶거나 여행 중 물건을 잃어 버렸
을 때 당황하지 않고 대처할 수 있는 패턴 표현들을 학습해 보
세요. 패턴을 익히기 전에 '핵심 어휘'를 익혀두면 패턴 학습이
훨씬 쉬워집니다.

22장

여행

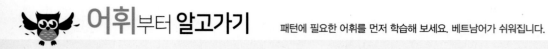
• 여행 종류

어휘	뜻	어휘	뜻
du lịch 유 릭	여행	công ty du lịch 꼼 띠유릭	여행사
đi du lịch 띠유릭	여행 가다	đại lý du lịch 따이리유릭	여행 대리점
tour 뚜어	투어	xe du lịch 쌔 유릭	관광버스
du lịch tự túc 유 릭 뜨 뚭	자유여행	hướng dẫn viên 흐엉 연 비엔	가이드
du lịch trọn gói 유 릭 쩐 거이	패키지여행	mùa du lịch 무어 유릭	관광시즌 (성수기)
tour trọn gói 뚜어 쩐 거이	패키지 투어	khu du lịch 쿠 유릭	관광 단지, 관광지
tour du lịch sinh thái 뚜어 유 릭 싱 타이	에코 투어 여행	tham quan 탐 관	관광하다
tour đảo 뚜어 따오	섬 투어	tắm biển 땀 비엔	해수욕하다

• 여행지

어휘	뜻	어휘	뜻
điểm du lịch 띠엠 유릭	여행지	phố cổ Hội An 포 꼬 호이 안	호이안 구시가지
khu nghỉ dưỡng 쿠 응이 으영	리조트	phố cổ Hà Nội 포 꼬 하 노이	하노이 구시가지
núi 누이	산	cố đô Huế 꼬 또 훼	후에 고도
biển 비엔	바다	Mũi Né 무이 내	무이네 (판티엣 부근 해변 휴양지)
đảo 따오	섬	đảo Phú Quốc 따오 푸 꿕	푸꾸옥 섬
khu di tích 쿠 이 띡	유적지	miền Tây 미엔 떼이	서부지역
phố cổ 포 꼬	구시가지	Mekong 메꽁	메콩 강

Pattern 1

~로 여행 가고 싶어요

~ muốn đi du lịch ~
무언 띠 유 릭

패턴·회화 연습 듣기

🎧 MP3 140

'muốn đi du lịch'은 어디로 여행 가고 싶은지 말하고 싶을 때 사용하는 표현입니다. 'muốn đi du lịch' 뒤에 원하는 '국명, 지역명, 여행지' 등을 넣어 '~로 여행 가고 싶어요'라는 의미를 나타냅니다. 'muốn đi du lịch' 앞에 문맥에 맞는 '인칭대명사'가 들어갑니다.

· 패턴 구조 ·   인칭대명사 + muốn đi du lịch + 여행지   ~로 여행 가고 싶어요

· 패턴 연습 ·

Tôi muốn đi du lịch Việt Nam.
또이 무언 띠유릭 비엔 남
베트남으로 여행 가고 싶어요.

Tôi muốn đi du lịch Đà Nẵng.
또이 무언 띠유릭 따 낭
다낭으로 여행 가고 싶어요.

Em muốn đi du lịch Nha Trang.
앰 무언 띠유릭 냐 짱
나트랑으로 여행 가고 싶어요.

Anh cũng muốn đi du lịch Huế.
아잉 꿈 무언 띠유릭 훼
나도 후에로 여행 가고 싶어요.

· 회화 연습 ·

A: Hè này em định làm gì?
해 나이 앰 띵 람 찌

B: Em muốn đi du lịch.
앰 무언 띠유릭

A: Em muốn đi du lịch ở đâu?
앰 무언 띠유 릭 어 떠우

B: Em muốn đi du lịch đảo Phú Quốc.
앰 무언 띠유 릭 따오 푸 꿕

A: 이번 여름에 뭐 하려고 해요?

B: 여행 가고 싶어요.

A: 어디로 여행 가고 싶어요?

B: 푸꾸옥 섬으로 여행 가고 싶어요.

· 새 단어 ·

hè   *n.* 여름
này   *pro.* 이(곳, 것), 이번
châu Âu   *n.* 유럽
chơi   *v.* 놀다

· 응용 패턴 ·

명사 + muốn đi ~ chơi : ~로 놀러 가고 싶어요

Tôi muốn đi Việt Nam chơi.   베트남으로 놀러 가고 싶어요.
Em muốn đi châu Âu chơi.   유럽으로 놀러 가고 싶어요.

~만한 ~ 있나요?

Có ~ nào đáng ~ không?
꺼 나오 땅 콤

패턴·회화 연습 듣기

🎧 MP3 141

'Có ~ nào đáng ~ không?'은 가볼 만한 곳을 물어볼 때 사용하는 표현입니다. 'có' 뒤에 '명사'가 오고 'không' 앞에 '동사'가 나오면서 '~만한 ~이 있나요?'라는 의미를 나타냅니다. 그 외에 먹을 만한 음식이나 할 만한 다른 것이 궁금할 때도 이 표현을 사용합니다.

패턴 구조

Có + 명사 + nào đáng + 동사 + không?　　(동사) 만한 (명사)이 있나요?

패턴 연습

Có nơi nào đáng đi không?　　　가볼 만한 곳이 있나요?
꺼 너이 나오 땅 띠 콤

Có đảo nào đáng đi không?　　　가볼 만한 섬이 있나요?
꺼 따오 나오 땅 띠 콤

Có món nào đáng ăn không?　　　먹을 만한 음식이 있나요?
꺼 먼 나오 땅 안 콤

Có phim nào đáng xem không?　　볼 만한 영화/드라마가 있나요?
꺼 핌 나오 땅 쌤 콤

회화 연습

A: Em sẽ đi du lịch tự túc.
　 앰 새 띠 유 릭 뜨 뚭

B: **Có nơi nào đáng đi không?**
　 꺼 느억 나오 땅 띠 콤

A: Em định đi Nha Trang.
　 앰 띵 띠 냐 짱

B: Anh cũng muốn đi Nha Trang.
　 아잉 꿈 무언 띠 냐 짱

A: 자유여행을 갈 거예요.
B: 가볼 만한 곳이 있나요?
A: 나트랑에 가보려고 해요.
B: 나도 나트랑에 가고 싶어요.

선생님 한마디

'đáng'은 경우에 따라 생략될 수 있으며, 생략될 경우에는 '~할 만한'이 아닌 '~할 것'이라는 뜻이 됩니다.

예 Có món nào ăn không?
　 먹을 음식이 있나요?

새 단어

nơi *n.* 곳

응용 패턴

Có ~ nào / gì ~ không? : ~것이 있나요?

Có cái gì ăn không?　　　먹을 것이 있나요?

Có áo nào mặc không?　　입을 옷이 있나요?

나에게 ~을 추천해 주세요

Giới thiệu cho tôi ~ đi

쩌이   티에우   쩌   또이   띠

패턴·회화 연습 듣기

🎧 MP3 142

'Giới thiệu cho tôi ~ đi'는 상대방에게 '무엇에 대한 추천'을 받고 싶을 때 사용하는 표현입니다. 'đi' 앞에 '추천받고 싶은 것'을 넣어 '나에게 ~을 추천해 주세요'란 의미를 나타냅니다. 'tôi' 대신, 문맥에 맞는 '인칭대명사'로 바꿔 쓸 수 있습니다.

패턴 구조

Giới thiệu cho tôi + 추천지 + đi   나에게 ~을 추천해 주세요

패턴 연습

Giới thiệu cho tôi **điểm du lịch đẹp** đi.   나에게 아름다운 여행지를 추천해 주세요.
쩌이 티에우 쩌 또이 띠엠 유 릭 땝 띠

Giới thiệu cho em **quán ăn ngon** đi.   저한테 맛집을 추천해 주세요.
쩌이 티에우 쩌 앰 관 안 응언 띠

Giới thiệu cho em **tour du lịch** đi.   저한테 여행 투어를 추천해 주세요.
쩌이 티에우 쩌 앰 뚜어 유 릭 띠

회화 연습

A: Em muốn đi du lịch Việt Nam.
   앰   무언 띠유릭 비엣 남

B: Việt Nam có rất nhiều đồ ăn ngon.
   비엣 남 꺼 럳 니에우 또 안 응언

A: Giới thiệu cho em món ăn ngon đi.
   쩌이 티에우 쩌 앰 먼 안 응언 띠

B: Có bún chả và chả giò.
   꺼 분 짜 바 짜 쩌

A: 베트남으로 여행 가고 싶어요.

B: 베트남에 맛있는 음식이 많아요.

A: 저한테 맛있는 것을 추천해 주세요.

B: 분짜하고 짜조 있어요.

선생님 한마디

1. 'em'은 윗 사람에게 자신을 가리킬 때 사용됩니다.

2. '~ đi' 명령형 대신 'hãy ~' 명령형을 사용해도 되지만 'hãy ~'는 '~ đi' 보다 어감이 더 딱딱합니다.

예 Hãy giới thiệu cho tôi điểm du lịch.
   나에게 여행지 좀 추천해 주세요.

새 단어

món ăn/đồ ăn
n. 음식, 먹을거리
ngon   *adj.* 맛있다

응용 패턴

Giới thiệu ~ cho tôi đi : 나에게 ~을 소개해 주세요

Giới thiệu hướng dẫn viên cho tôi đi.   나한테 가이드를 소개해 주세요.

Giới thiệu sách tiếng Việt cho em đi.   저한테 베트남어 책을 소개해 주세요.

Pattern 4

~을 어떻게 예약해요?

Đặt ~ như thế nào?

딷 느 테 나오

🎧 MP3 143

'Đặt ~ như thế nào?'는 예약 방법을 모를 때 '~을 어떻게 예약해요?'란 뜻의 표현입니다. 'Đặt'과 'như thế nào?' 사이에 예약해야 할 대상을 넣어 물어보면 됩니다.

패턴 구조

Đặt + 예약 대상 + như thế nào?　　　~을 어떻게 예약해요?

패턴 연습

Đặt **vé** như thế nào?　　　　　　표를 어떻게 예약해요?
딷 배 느 테 나오

Đặt **tour** như thế nào?　　　　　투어를 어떻게 예약해요?
딷 뚜어 느 테 나오

Đặt **xe** như thế nào?　　　　　　차/오토바이를 어떻게 예약해요?
딷 쌔 느 테 나오

Đặt **khách sạn** như thế nào?　　호텔을 어떻게 예약해요?
딷 카익 산 느 테 나오

회화 연습

A: Em định đi Phú Quốc. Đặt vé như thế nào?
　 앰 띵 띠 푸 꿕 딷 배 느 테 나오

B: Em có thể đặt vé online.
　 앰 꺼 테 딷 배 언라인

A: Đặt tour đảo như thế nào?
　 딷 뚜어 따오 느 테 나오

B: Em phải đến công ty du lịch.
　 앰 파이 뗀 꼼 띠 유 릭

A: 푸꾸옥에 가려고 해요. 표를 어떻게 예약해요?

B: 온라인으로 표를 예약할 수 있어요.

A: 섬 투어는 어떻게 예약해요?

B: 여행사에 가야 돼요.

새 단어

vé *n.* 표/티켓

응용 패턴

Đặt ~ ở đâu? : ~ 어디에서 예약해요?

Đặt vé ở đâu?　　　　　표를 어디에서 예약해요?

Đặt tour ở đâu?　　　　투어를 어디에서 예약해요?

Pattern 5

~을 잃어버렸어요

Tôi bị mất ~

또이 비 먼

패턴·회화 연습 듣기

🎧 MP3 144

'Tôi bị mất ~'은 무엇인가 잃어버렸을 때 사용하는 표현입니다. 여행 중 여권이나 주민등록증 등을 잃어버렸을 경우 관련 기관에 신속히 신고해야 하므로, 꼭 익혀 두세요.

패턴 구조 Tôi bị mất + 잃어버린 물건   ~을 잃어버렸어요

패턴 연습

Tôi bị mất **hộ chiếu.**   여권을 잃어버렸어요.
또이 비 먿 호 찌에우

Tôi bị mất **hành lý.**   캐리어를 잃어버렸어요.
또이 비 먿 하잉 리

Tôi bị mất **điện thoại.**   폰을 잃어버렸어요.
또이 비 먿 띠엔 톼이

Tôi bị mất **tiền.**   돈을 잃어버렸어요.
또이 비 먿 띠엔

· 회화 연습 ·

A: Chào anh. Tôi bị mất hộ chiếu.
   짜오 아잉 또이 비 먿 호 찌에우

B: Chị bị mất hộ chiếu ở đâu?
   찌 비 먿 호 찌에우어 떠우

A: Ở công viên ạ.
   어 꼼 비엔 아

B: Vâng, chúng tôi sẽ tìm thử.
   벙   쭘 또이 새 띰 트

A: 안녕하세요. 여권을 잃어버렸어요.

B: 여권을 어디에서 잃어버렸어요?

A: 공원에서요.

B: 네, 저희가 찾아보겠습니다.

· 선생님 한마디 ·

'mất'이라는 단어 자체가 '잃다'라는 뜻이지만, 보통 'bị mất'이나 'làm mất'의 형태로 사용됩니다.

· 새 단어 ·

hộ chiếu *n.* 여권
hành lý *n.* 캐리어, 짐
tìm *v.* 찾다
ví *n.* 지갑

· 응용 패턴 ·

Tôi đã làm mất ~ : ~ 잃어버렸어요

Tôi đã làm mất ví.   지갑을 잃어버렸어요.

Tôi đã làm mất vé.   표를 잃어버렸어요.

여행 전 숙소를 인터넷으로 예약하고 가는 것이 일반적이지만, 급하게 현지에서 예약하거나 방을 변경하는 경우가 생기기도 합니다. 예약에 관한 핵심 패턴을 학습해 보세요. 패턴을 익히기 전에 '핵심 어휘'를 익혀두면, 패턴 학습이 훨씬 쉬워집니다.

23장

호텔 예약

어휘부터 알고가기 패턴에 필요한 어휘를 먼저 학습해 보세요. 베트남어가 쉬워집니다.

• 숙박 형태

어휘	뜻	어휘	뜻
khách sạn 카익 산	호텔, 모텔	đặt phòng 딷 펌	방을 예약하다
nhà nghỉ 냐 응이	게스트하우스	thuê phòng 퉤 펌	방을 빌리다
homestay 험스테이	홈스테이	check-in 쩩 인	체크인
lễ tân / tiếp tân 레 떤 / 띠엡 떤	의전/손님을 접대하다	check-out 쩩 아우	체크아웃
sảnh 사잉	홀	nhận phòng 년 펌	방을 받다
bữa sáng 브어 사앙	조식	trả phòng 짜 펌	퇴실
phòng 펌	방	số phòng 소 펌	방 번호
phòng trống 펌 쫌	빈 방	hành lý 하잉 리	짐/캐리어
giá phòng 짜 펌	방 값	view / quang cảnh 뷰 / 광 까잉	장면

• 편의시설

어휘	뜻	어휘	뜻
phòng đơn 펌 떤	1인실	thang máy 탕 마이	엘리베이터
phòng đôi 펌 또이	2인실	dịch vụ dọn phòng 익 부 연 펌	룸서비스
phòng gia đình 펌 짜 띵	가족실	hồ bơi / bể bơi 호 버이/ 베 버이	수영장
giường 쯔엉	침대	máy lạnh / máy điều hòa 마이 라잉 / 마이 띠에우 화	에어컨
giường đơn 쯔엉 떤	싱글 침대	máy sưởi 마이 스어이	난방
giường đôi 쯔엉 또이	더블 침대	nước nóng 느억 넘	온수
Wifi 와이파이	와이파이	tivi 띠비	텔레비전

~방을 예약하고 싶어요

Tôi muốn đặt phòng ~

또이   무언   딷   펌

패턴·회화 연습 듣기

🎧 MP3 145

'Tôi muốn đặt phòng ~'은 숙소를 예약할 때, '~방을 예약하고 싶어요'라는 뜻의 표현입니다. 'Tôi muốn đặt phòng' 뒤에 '방의 종류'나 '특징'을 넣어서 표현합니다.

· 패턴 구조 ·   Tôi muốn đặt phòng ~   ~방을 예약하고 싶어요

· 패턴 연습 ·

Tôi muốn đặt phòng **đơn.**   1인실을 예약하고 싶어요.
또이   무언   딷   펌   떤

Tôi muốn đặt phòng **đôi.**   2인실을 예약하고 싶어요.
또이   무언   딷   펌   또이

Tôi muốn đặt phòng **gia đình.**   가족실을 예약하고 싶어요.
또이   무언   딷   펌   짜 띵

Tôi muốn đặt phòng **có view đẹp.**   전망이 좋은 방을 예약하고 싶어요.
또이   무언   딷   펌   꺼 뷰 뗍

· 회화 연습 ·

A: Chào chị. Chị muốn đặt phòng nào?
짜오 찌 찌 무언 딷 펌 나오

B: Tôi muốn đặt phòng đôi.
또이 무언 딷 펌 또이

A: Chị đặt phòng từ ngày mấy đến ngày mấy?
찌 딷 펌 뜨 응아이 메이 뗀 응아이 메이

B: Từ ngày 7 đến ngày 9 tháng 8.
뜨 응아이 바이 뗀 응아이 찐 탕 땀

A: 안녕하세요. 어떤 방을 예약하고 싶으세요?
B: 2인실을 예약하고 싶어요.
A: 며칠부터 며칠까지 방 예약을 하실 거예요?
B: 8월 7일부터 9일까지요.

· 새 단어 ·

đặt   *v.* 예약하다

· 응용 패턴 ·

Tôi muốn đặt ~ phòng ~ : ~방을 ~개 예약하고 싶어요

Tôi muốn đặt một phòng đơn.   1인실을 1개 예약하고 싶어요.
Tôi muốn đặt hai phòng đôi.   2인실을 2개 예약하고 싶어요.

Pattern 2

~ 방으로 바꾸고 싶어요

Tôi muốn đổi sang phòng ~

또이 무언 또이 상 펌

🎧 MP3 146

패턴·회화 연습 듣기

'Tôi muốn đổi sang phòng ~'은 다른 방으로 바꾸고 싶을 때 '~ 방으로 바꾸고 싶어요'라는 뜻의 표현입니다. 'Tôi muốn đổi sang phòng' 뒤에 '방의 종류'나 '특징'을 넣어서 표현합니다.

패턴 구조

Tôi muốn đổi sang phòng ~   ~ 방으로 바꾸고 싶어요

패턴 연습

Tôi muốn đổi sang phòng **khác.**   다른 방으로 바꾸고 싶어요.
또이 무언 또이 상 펌 칵

Tôi muốn đổi sang phòng **đôi.**   2인실 방으로 바꾸고 싶어요.
또이 무언 또이 상 펌 또이

Tôi muốn đổi sang phòng **view biển.**   바다 전망인 방으로 바꾸고 싶어요.
또이 무언 또이 상 펌 뷰 비엔

회화 연습

A: Anh ơi! Tôi muốn đổi phòng.
아잉 어이 또이 무언 또이 펌

B: Chị muốn đổi sang phòng nào?
찌 무언 또이 상 펌 나오

A: Tôi muốn đổi sang phòng gia đình.
또이 무언 또이 상 펌 짜 띵

B: Vâng, chị đợi một chút ạ.
벙 찌 떠이 몯 쭏 아

A: 저기요! 방을 바꾸고 싶어요.

B: 어떤 방으로 바꾸고 싶으세요?

A: 가족실 방으로 바꾸고 싶어요.

B: 네, 잠깐 기다려 주세요.

선생님 한마디

'tôi muốn đổi sang phòng ~' 대신 'cho tôi đổi sang phòng ~'구조를 사용해서 방을 바꿀 수 있도록 요청할 수도 있습니다.

새 단어

đổi *v.* 바꾸다
khác *adj.* 다르다

응용 패턴

Cho tôi đổi sang phòng ~ : ~ 방으로 바꿔 주세요

Cho tôi đổi sang phòng khác.   다른 방으로 바꿔 주세요.
Cho tôi đổi sang phòng đôi.   2인실로 바꿔 주세요.

Pattern 3

몇 시에 ~하면 되나요?

Mấy giờ ~ là được ạ?
메이 쩌 라 뜨억 아

패턴·회화 연습 듣기

🎧 MP3 147

'Mấy giờ ~ là được ạ?'는 호텔에서 체크인, 체크아웃을 확인 할 때, '몇 시에 ~하면 되나요?'라는 뜻의 표현입니다.
'Mấy giờ'와 'là được ạ?' 사이에 묻고자 하는 '체크인/체크아웃'을 넣어서 질문합니다.

패턴 구조	Mấy giờ ~ là được ạ?	몇 시에 ~하면 되나요?

패턴 연습	Mấy giờ **check in** là được ạ? 메이 쩌 쨱 인 라 뜨억 아	몇 시에 **체크인**하면 되나요?
	Mấy giờ **check out** là được ạ? 메이 쩌 쨱 아우 라 뜨억 아	몇 시에 **체크아웃**하면 되나요?
	Mấy giờ **trả phòng** là được ạ? 메이 쩌 짜 펌 라 뜨억 아	몇 시에 **퇴실**하면 되나요?

회화 연습

A: Tôi muốn thuê một phòng đơn.
또이 무언 퉤 몯 펌 떤

B: Vâng, check in lúc 2 giờ ạ.
벙 쨱 인 룹 하이 쩌 아

A: **Mấy giờ trả phòng là được ạ?**
메이 쩌 짜 펌 라 뜨억 아

B: Trước 12 giờ ạ.
쯔억 므어이 하이 쩌 아

A: 1인실을 하나 빌리고 싶어요.

B: 네, 체크인은 2시입니다.

A: 몇 시에 퇴실하면 되나요?

B: 12시 전까지요.

선생님 한마디

'ạ'가 존칭의 표현이므로 공손할 필요가 없을 경우에는 안 써도 됩니다.

예 Mấy giờ check in là được?
몇 시에 체크인하면 되죠?

새 단어

trước *n.* 전(앞)

응용 패턴

> Mấy giờ có thể ~? : 몇 시에 ~ 할 수 있어요?

Mấy giờ có thể check in?   몇 시에 체크인 할 수 있어요?

Mấy giờ có thể ăn sáng?   몇 시에 조식 먹을 수 있어요?

Pattern 4

~이 포함되나요?
Có bao gồm ~ không?
꺼 바오 곰 콤

패턴·회화 연습 듣기

🎧 MP3 148

'Có bao gồm ~ không?'은 호텔 예약 시 어떤 서비스가 포함되는지 확인할 때, '~이 포함되나요?'라는 뜻의 패턴 표현입니다. 'Có bao gồm'와 'không?' 사이에 서비스 내용을 넣어서 표현합니다.

· 패턴 구조 · Có bao gồm + 서비스 내용 + không?　　~이 포함되나요?

· 패턴 연습 ·

Có bao gồm **bữa sáng** không?　　조식이 포함되나요?
꺼 바오 곰 브어 상 콤

Có bao gồm **nước uống** không?　　음료가 포함되나요?
꺼 바오 곰 느억 우엉 콤

Có bao gồm **dịch vụ dọn phòng** không?　　룸 서비스가 포함되나요?
꺼 바오 곰 익 부 연 펌 콤

Có bao gồm **dịch vụ đưa đón** không?　　픽업 서비스가 포함되나요?
꺼 바오 곰 익 부 뜨어 떤 콤

· 회화 연습 ·

A: Tôi muốn đặt phòng vào ngày mai.
또이 무언 딷 펌 바오 응아이 마이

B: Vâng, giá phòng là 360,000 đồng.
벙 　짜 펌 라 바 짬 사우 므어이 응안 똠

A: Có bao gồm bữa sáng không?
꺼 바오 곰 브어 상 콤

B: Dạ, có.
야 꺼

A: 내일 방을 예약하고 싶습니다.
B: 네, 방 가격은 36만 동입니다.
A: 조식이 포함되나요?
B: 네, 포함됩니다.

· 새 단어 ·

bao gồm *v.* 포함하다
dịch vụ đưa đón
n. 픽업 서비스
dịch vụ mát xa
n. 마사지 서비스

· 응용 패턴 ·

Có dịch vụ ~ không? : ~ 서비스가 있나요?

Có dịch vụ mát xa không?　　마사지 서비스가 있나요?
Có dịch vụ đưa đón không?　　픽업 서비스가 있나요?

Pattern 5

~이 고장났어요

~ bị hư rồi

비 흐 로이

패턴·회화 연습 듣기

🎧 MP3 149

'~ bị hư rồi'는 숙소에서 편의시설을 사용하다가 고장이 났을 때, '~이 고장났어요'라는 뜻의 패턴 표현입니다.
'bị hư rồi' 앞에 고장난 물건의 명칭을 넣어서 표현합니다.

패턴 구조	고장난 물건 + bị hư rồi	~이 고장났어요

패턴 연습		
Wifi bị hư rồi. 와이파이 비 흐 로이		와이파이가 고장났어요.
Thang máy bị hư rồi. 탕 마이 비 흐 로이		엘리베이터가 고장났어요.
Tivi bị hư rồi. 띠비 비 흐 로이		텔레비전이 고장났어요.
Máy lạnh bị hư rồi. 마이 라잉 비 흐 로이		에어컨이 고장났어요.

회화 연습

A: Đây là phòng của anh.
데이 라 펌 꾸어 아잉

B: Chị ơi! Máy lạnh bị hư rồi.
찌 어이 마이 라잉 비 흐 로이

A: Em sẽ kiểm tra thử.
앰 새 끼엠 짜 트

B: Cảm ơn chị.
깜 언 찌

A: 여기가 고객님의 방입니다.

B: (여성 연장자) 여기요! 에어컨이 고장났어요.

A: 제가 체크해볼게요.

B: 감사합니다.

선생님 한마디

'hư' 대신에 'hỏng'이라는 단어를
사용해도 됩니다.

예 Thang máy bị hỏng rồi.
엘리베이터가 고장났어요.

새 단어

kiểm tra *v.* 체크하다

응용 패턴

> ~ không dùng được : ~은 못 써요

Thang máy không dùng được.   엘리베이터는 못 써요.
Máy lạnh không dùng được.   에어컨은 못 써요.

부록

알짜배기

1. Xin chào. : 안녕하세요.

'안녕하세요.'를 베트남어로 검색하면 'xin chào'라는 표현이 바로 나옵니다. 그러나 xin chào는 베트남에서 실제로 사용하는 빈도가 아주 낮습니다. 베트남에서는 보통 'chào ~'라고 합니다.

> 예 Chào anh. (형/오빠) 안녕하세요.　　Chào chị. (누나/언니) 안녕하세요.

2. Tôi : 나

'tôi'라는 단어를 '저'로 착각하는 사람이 많습니다. '저'는 상대방을 높이기 위해 자신을 낮추는 표현인 반면, 'tôi'는 높일 대상이 없을 때 많이 쓰이는 표현입니다.

> 예 (회의 때, 모든 사람들에게)
> Tôi là giám đốc Kim Minho. 나는 김민호 사장입니다.

3. Ông / Bà : Mr. / Mrs.

'Ông'과 'Bà'의 표현들은 각각 '할아버지, 할머니'라는 의미도 있지만, 격식적인 분위기에서 어떤 사람을 높일 때도 많이 쓰입니다. 보통 영어에서의 '~씨, ~선생님'의 의미를 가진 'Mr.' 'Mrs.'와 같습니다.

> 예 Ông Kim. Mr.김(김 선생님/씨)　　　　　　Bà Lee. Mrs.이(이 여사/씨)

4. ngày 5 *vs.* 5 ngày : 5일(날짜) *vs.* 5일(기간)

'ngày(일)', 'tháng(월)', 'năm(년)' 뒤에 숫자가 오면 '날짜'를 말하는 것이고, 그 앞에 숫자가 오면 '기간'을 말하는 것입니다.

> 예 Hôm nay là ngày 5. 오늘은 5일이다.
> Tôi sẽ ở Việt Nam 5 ngày. 나는 베트남에 5일 동안 있을 것이다.

5. sinh năm *vs.* năm sinh : 연도 *vs.* 연생

① sinh năm : 뒤에 태어난 연도가 오면 '~년에 태어났다'라는 의미를 가집니다.
② năm sinh : 뒤나 앞에 보통 생년이 오지 않고 주어가 되는 경우가 많습니다.

> 예 Sinh năm 1986. 1986년에 태어났다.
> Năm sinh của em là 1986. 제 연생은 1986입니다.

베트남식 영어 표현
베트남식 영어 발음을 익혀 보세요.

영어	베트남식 발음	뜻
Seoul	세운/서운	서울
hamburger	함버거	햄버거
sandwich	쌍윈	샌드위치
shock	쏩	충격
tart	따악	타르트
Chanel	짜내우	샤넬
chat	짠	채팅
Google	구고/굿고	구글
Facebook	페이붑	페이스 북
Instagram	인스따그람	인스타그램
taxi	딱 씨	택시
massage	맏사	마사지
piano	비아노	피아노
ghita	기다	기타
violin	비오롬	바이올린
check	짹	체크
order	어더	주문
concert	껀선	연주회, 콘서트
concept	껀샙	개념, (상품의) 콘셉트
search	썬	검색, 찾기
online	언라이	온라인
offline	업라인	오프라인

기초 단어

■ 월 Tháng

1월	tháng Một	7월	tháng Bảy
2월	tháng Hai	8월	tháng Tám
3월	tháng Ba	9월	tháng Chín
4월	tháng Tư	10월	tháng Mười
5월	tháng Năm	11월	tháng Mười Một
6월	tháng Sáu	12월	tháng Mười Hai

■ 가족, 지인 Gia đình, người quen

할아버지	ông nội	형/오빠	anh / anh trai
할머니	bà nội	누나/언니	chị / chị gái
외할아버지	ông ngoại	동생	em
외할머니	bà ngoại	남동생	em trai
아버지	ba / bố	여동생	em gái
어머니	mẹ	사촌 오빠/사촌 형	anh họ
부모	ba mẹ / bố mẹ	아내	vợ
고모	cô	남편	chồng
이모	dì	친가	nhà nội
삼촌/작은 아버지	chú	외가	nhà ngoại
큰 아버지/큰 어머니	bác	형수/올케	chị dâu
외삼촌	cậu	형부/누나의 남편	anh rể
외숙모	mợ	가족/가정	gia đình
친척	họ hàng / bà con	지인	người quen

■ 맛 Vị

시다	chua	새콤하다	chua chua
맵다	cay	매콤하다	cay cay
달다	ngọt	달달하다	ngòn ngọt
짜다	mặn	짭짤하다	mằn mặn
쓰다	đắng	씁쓸하다	đăng đắng
싱겁다	nhạt / lạt	담백하다	thanh

깊은 맛	đậm đà	고소하다	bùi

■ 색깔 Màu sắc

빨간색	màu đỏ	흰색	màu trắng
주황색	màu cam	검은색	màu đen
노란색	màu vàng	회색	màu xám
녹색	màu xanh lá	살색	màu da
파란색	màu xanh dương	분홍색	màu hồng
하늘색	màu xanh da trời	아이보리색	màu kem
갈색	màu nâu	베이지색	màu be
보라색	màu tím	남색	màu xanh đen

■ 취미 Sở thích

독서	đọc sách	등산	leo núi
음악 듣기	nghe nhạc	그림 그리기	vẽ tranh
요리	nấu ăn	피아노 치기	đàn piano
베이킹, 제빵	làm bánh	기타 치기	đàn ghi-ta
축구하기	đá banh / đá bóng	게임하기	chơi game
영화 보기	xem phim	여행하기	đi du lịch
수영	bơi lội	오토바이로 여행하기	đi phượt

■ 신체 Thân thể

얼굴	gương mặt / mặt	몸	mình / thân
머리	đầu	어깨	vai
머리카락	tóc	팔과 손	tay
귀	tai	팔	cánh tay
눈	mắt	손	bàn tay
코	mũi	손가락	ngón tay
입	miệng	등	lưng
눈썹	lông mày / chân mày	배	bụng

속눈썹	lông mi	허리	eo
입술	môi	무릎	đầu gối
이빨	răng	다리	chân
이마	trán	허벅지	đùi
턱	cằm	종아리	bắp chân
목	cổ	발	bàn chân
목/목구멍	cổ họng / họng	피부	da

■ 감정 Cảm xúc

기쁘다	vui	불쾌하다	khó chịu
슬프다	buồn	낙관하다	lạc quan
행복하다	hạnh phúc	비관하다	bi quan
짜증나다	bực mình	만족스럽고 뿌듯하다	sung sướng
화나다	tức giận	부끄럽다	xấu hổ
걱정하다/걱정되다	lo lắng	긴장하다	căng thẳng, hồi hộp
심심하다	chán	기분, 감정상태, 심리상태	tâm trạng
불안하다	bất an	기분이 좋다	tâm trạng tốt
두렵다	lo sợ	기분이 안 좋다	tâm trạng không tốt

■ 상태/성질 Trạng thái/Tính chất

(성질) 좋다	tốt	늙다	già
(성질) 나쁘다	xấu	젊다	trẻ
가깝다	gần	크다	to / lớn
멀다	xa	작다	nhỏ / bé
비싸다	mắc / đắt	많다	nhiều
싸다	rẻ	적다	ít
덥다/뜨겁다	nóng	넓다	rộng
춥다/차갑다	lạnh	좁다	chật / hẹp
빠르다	nhanh	높다/키가 크다	cao
느리다	chậm	낮다/키가 작다	thấp

■ 성격 Tính cách

예쁘다/아름답다	đẹp	고집 세다	cứng đầu
나쁘다/못생겼다	xấu	멍청하다	ngu ngốc
착하다	tốt bụng	똑똑하다/총명하다	thông minh
어질다	hiền / hiền lành	유머감각이 있다	vui tính
사랑스럽다	đáng yêu	부지런하다	siêng năng / cần cù
귀엽다	dễ thương	게으르다	lười biếng
성실하다	thành thật	말수가 적다	ít nói
간교하다	gian xảo	입이 가볍다	nhiều chuyện

■ 기본 동사 Động từ cơ bản

먹다	ăn	웃다	cười
마시다	uống	울다	khóc
자다	ngủ	사다	mua
가다	đi	팔다	bán
서다	đứng	살다	sống
앉다	ngồi	죽다	chết
눕다	nằm	만들다	làm
말하다	nói	입다	mặc
이야기하다	nói chuyện	쇼핑하다	mua sắm
묻다/질문하다	hỏi	벗다	cởi
답하다	đáp / trả lời	요리하다	nấu ăn
듣다	nghe	청소하다	dọn dẹp
읽다	đọc	설거지하다	rửa chén / rửa bát
쓰다	viết	세탁하다/빨래하다	giặt đồ
보다	xem / coi	출근하다	đi làm
알다	biết	일하다	làm việc
모르다	không biết	샤워하다	tắm
좋아하다	thích	쉬다	nghỉ / nghỉ ngơi
싫어하다	ghét	생각하다	suy nghĩ
사랑하다	yêu / thương	놀다	chơi